济宁市青少年教育系列丛书

济宁市关心下一代工作委员会组织编写

总 主 编　步士金

副总主编　秦绍忠　李心善

家庭教育

初中篇

主编　李丽　尹露　李春兴

山东大学出版社
SHANDONG UNIVERSITY PRESS
·济南·

图书在版编目（CIP）数据

家庭教育．初中篇 / 李丽，尹露，李春兴主编．—
济南：山东大学出版社，2022.8
（济宁市青少年教育系列丛书 / 步士金主编）
ISBN 978-7-5607-7589-0

Ⅰ．①家… Ⅱ．①李… ②尹… ③李… Ⅲ．①初中生
—家庭教育 Ⅳ．①G78

中国版本图书馆 CIP 数据核字（2022）第 148725 号

策划编辑　祝清亮
责任编辑　李艳玲
封面设计　王莉莉

出版发行　山东大学出版社
社　　址　山东省济南市山大南路 20 号
邮政编码　250100
发行热线　(0531)88363008
经　　销　新华书店
印　　刷　山东成信彩印有限公司
规　　格　787 毫米 ×1092 毫米　1/16
　　　　　8.25 印张　106 千字
版　　次　2022 年 8 月第 1 版
印　　次　2022 年 8 月第 1 次印刷
定　　价　11.90 元

济宁市青少年教育系列丛书
编委会

家庭教育·初中篇
编委会

序

为认真贯彻落实习近平总书记关于“要抓好青少年学习教育，着力讲好党的故事、革命的故事、英雄的故事，厚植爱党、爱国、爱社会主义的情感，让红色基因、革命薪火代代传承”系列指示精神，按照中国关心下一代工作委员会、山东省关心下一代工作委员会部署安排和济宁市委、市政府要求，济宁市关心下一代工作委员会组织编写了“济宁市青少年教育系列丛书”，从优秀传统文化、革命传统文化、家庭教育文化、法治教育文化以及先进时代文化里发掘精华和养分，为青少年补钙壮骨、固本培元，帮助他们扣好人生的“第一粒扣子”，也为更好地开展关心下一代工作，特别是为广大青少年教育提供了一个综合性、指导性的文化宣传教育辅导读物。

济宁是一方底蕴深厚的文化沃土，是中华人文始祖轩辕黄帝的诞生地，孔子、孟子、颜子、曾子、子思子“五大圣人”的故乡，东夷文化、齐鲁文化、儒家文化、水浒文化、运河文化、孝贤文化、诚信文化在这里交相辉映，孕育了史学大家左丘明、建安七子之一王粲、古典戏剧大师孔尚任、当代词坛泰斗乔羽等名家巨擘，孔府、孔庙、孔林和京杭大运河被列为世界文化遗产。济宁有着深厚的红色革命传统，早在 1926 年就建立了党组织，在革命战争年代，谱写了无数可歌可泣的英雄史诗，形成了丰富的红色资源和宝贵的精神财富。

“国势之强由于人，人材之成出于学。”青少年阶段是人生的“拔节孕穗期”，最需要精心引导和栽培。“济宁市青少年教育系列丛书”概述了济宁的悠久历史和璀璨文化，介绍了济宁的历史文化名人和英雄模范人物，回顾了革命战争年代发生在济宁的重大事件，展现了济宁人文史诗之情、家教家训之风、红色基因之骨、法治精神之魂，脉络清晰，文笔洗练，图文并茂，通俗易懂，既传承了传统文化的精髓，又符合现代价值观念，具有很强的思想性、文化性、趣味性、启发性，有助于青少年从中接受思想的洗礼和获得精神的滋养，在新时代中国特色社会主义光辉照耀下茁壮成长。

“少年强则国强，少年智则国智。”青少年是祖国的未来、民族的希望。关心下一代工作是功在当代、利在千秋的伟大事业。习近平总书记心系下一代工作，提出了一系列新思想、新战略，做出了一系列新决策、新部署。关心下一代工作委员会是党和政府的参谋助手，是联系青少年的桥梁和纽带，肩负着关心关爱、教育培育青少年健康成长的重要使命。长期以来，在中国关心下一代工作委员会和山东省关心下一代工作委员会的精心指导和亲切关怀下，在市委、市政府的坚强领导下，济宁市关心下一代工作委员会把握时代主题，牢记使命担当，把关心下一代工作当作一项以爱润心、以德修身的崇高事业来做，主动作为，守正创新，为培养社会主义建设者和接班人做出了积极贡献。青少年时期是身心发育、道德养成和世界观、人生观、价值观确立的重要时期。关爱青少年，就是关爱祖国的未来。新时代新使命迫切需要关心下一代工作委员会和广大老干部、老战士、老专家、老教师、老模范，开启新征程，展示新作为，教育青少年增强爱国意识、爱国情怀，牢固树立正确的世界观、人生观、价值观，听党话、感党恩、跟党走，更加爱党爱国爱家乡，为新时代社会主义现代化建设贡献力量。

“济宁市青少年教育系列丛书”编委会

2022 年 6 月

目　录

第一章
立德为先

德，始见于商代甲骨文。“德”的古字形从彳（或从行），从直，意为遵行正道。也有人认为“德”的本义是登上、升。“德”常用于指道德、品德，引申指有道德的贤明之士。

第一节 以德为本

1. 子曰：“德不孤，必有邻。”

——《论语·里仁》

【译文】

孔子说：“有道德的人是不会孤单的，一定有志同道合的人来和他做伴。”

2. 子曰：“为政以德，譬如北辰，居其所而众星共之。”

——《论语·为政》

【译文】

孔子说：“以道德原则治理国家，就像北极星一样处在一定的位置，所有的星辰都会围绕着它。”

第二节 德行宽裕

周公教子

周公（生卒年不详），名旦，是周文王姬昌第四子，周武王姬发的弟弟，曾辅佐周武王伐纣，辅佐周成王治国，并制礼作乐，被尊为“元圣”。

周公有《戒子伯禽》和《戒侄成王》两部家训传世，这两部家训合称《姬旦家训》，首开中国古代仕宦家训之先河，对后世影响深远。

戒子伯禽

周公像

周公的长子伯禽被封在鲁国（都城在今山东曲阜）。周公一生谨慎，他担心儿子过于年轻而行事鲁莽，便在伯禽即将去鲁国赴任的时候告诫他说：“你不要因为受封于鲁国就怠慢、轻视人才。我是文王的儿子、武王的弟弟、成王的叔叔，又身兼辅佐天子的重任，我在天下的地位也不能算轻贱的了。可是，一次沐浴，要多次停下来，握着自己已散的头发接待宾客；吃一顿饭，要多次停下来，唯恐因怠慢而失去人才。我听说，德行宽裕却恭敬待人，就会得到荣耀；土地广大却克勤克俭，就没有危险；禄位尊盛却谦卑自守，就能常保富贵；人众兵强却心怀敬畏，就能常胜不败；聪明睿智却总认为自己愚钝无知，就是明哲之士；博闻强记却自觉浅陋，那是真正的聪明。这六点都是谦虚谨慎的美德。即使贵为天子，之所以富有四海，也是因为遵循了这些品德。不知谦逊从而招致身死国丧，桀纣就是这样的例子。你怎能不慎重呢？”

伯禽谨记父亲的教诲，重视贤才、勤政爱民，没过几年，鲁国便被治理成民风淳朴、务本重农、崇教敬学的礼仪之邦。

戒侄成王

《尚书·大传》有言：“一年救乱，二年克殷，三年践奄，四年建侯卫，五年营成周，六年制礼乐，七年致政成王。”这句话高度概括了周公一生的功绩。周成王是周公的侄子，他继位时尚且年少，故由叔父周公辅政。

有一次，周成王与幼弟叔虞一起玩耍，他捡起一片桐叶当作玉圭，嬉笑着送给幼弟说：“我封你。”叔虞便肃整衣冠，行跪拜礼。周公看见了，马上拜见成王，请示道：“天子是要封虞吗？太好了。”成王说：“我就是和叔虞开玩笑而已，叔父不必当真。”

周公一下子变得严肃起来，说：“我听说，天子从不说玩笑话。天子说的话，史官要予以记载，乐工要四处歌诵，士要处处效仿。天子的言行举止不得不慎之又慎，不应当有过失，更不应随意开玩笑，承诺一定要做到。”

于是，成王封幼弟叔虞为应侯。这件事让成王终身难忘，直到老死都“言之必行之”。这就是著名的“桐叶封弟”的故事。

唐太宗重视教子

唐太宗十分重视对子女的培养教育，他认为家庭环境、教师教育对孩子的成长影响深远，于是精心为子孙们选择德才兼备的老师，如房玄龄、魏徵等。同时，他教育子女尊师重教，十分看重子女对老师的礼仪，并且专门下诏书规定尊师的礼仪，让子女“见师如见父”，“宜加尊敬，不得懈怠”。

“人之立身，所贵者惟在德行。”唐太宗还非常重视子女德行的修养，教导子女要严于自律，“夫帝子亲王，先须克己”。教育子女要养成朴素节俭的品格，“每着一衣，则悯蚕妇；每餐一食，则念耕夫”。唐太宗非常善于深入浅出，就地取材，运用生活中的小事教育子女，可谓遇事必诲，让子女在日常生活中养成良好的品质。比如，看到太子李治乘船，唐太宗就教育他说，君主是舟，百姓是水，“水能载舟，亦能覆舟”。有一次，唐太宗看到李治靠着一棵弯曲的树乘凉，就语重心长地对他说："树虽弯曲，打上墨线便可取直成材。君主本身没有多么高明，倘若能虚心接受周围人的规谏，也可以变成圣明的君主。"

为了更好地对子女进行教育，唐太宗亲自撰写《帝范》，教导李治为君之道，告诫李治要效法尧、舜、禹等历代圣贤明君。内容包括君体、建亲、求贤、审官、纳谏、去谗、诫盈、崇俭、赏罚、务农、阅武、崇文十二条准则。《帝范》一书也被历代帝王奉为家教"圣经"。

胡适与母亲

《我的母亲》节选

胡适

每天天刚亮时，我母亲便把我喊醒，叫我披衣坐起。我从不知道她醒来坐了多久了。她看我清醒了，便对我说昨天我做错了什么事，说错了什么话，要我认错，要我用功读书。有时候她对我说父亲的种种好处，她说："你总要踏上你老子的脚步。我一生只晓得这一个完全的人，你要学他，不要跌他的股。"（跌股便是丢脸出丑）她说到伤心处，往往掉下泪来。到天大明时，她才把我的衣服穿好，催我去上早学。学堂门上的锁匙放在先生家里；我先到学堂门口一望，便跑到先生家里去敲门。先生家里有人把锁匙从门缝里递出来，我拿了跑回去，开了门，

胡适与母亲

坐下念生书，十天之中，总有八九天我是第一个去开学堂门的。等到先生来了，我背了生书，才回家吃早饭。

我母亲管束我最严，她是慈母兼任严父。但她从来不在别人面前骂我一句，打我一下，我做错了事，她只对我一望，我看见了她的严厉眼光，便吓住了。犯的事小，她等到第二天早晨我眠醒时才教训我。犯的事大，她等到晚上人静时，关了房门，先责备我，然后行罚，或罚跪，或拧我的肉。无论怎样重罚，总不许我哭出声音来，她教训儿子不是借此出气叫别人听的。

有一个初秋的傍晚，我吃了晚饭，在门口玩，身上只穿着一件单背心。这时候我母亲的妹子玉英姨母在我家住，她怕我冷了，拿了一件小衫出来叫我穿上。我不肯穿，她说："穿上吧，凉了。"我随口回答："娘（凉）什么！老子都不老子呀。"我刚说了这句话，一抬头，看见母亲从家里走出，我赶快把小衫穿上。但她已听见这句轻薄的话了。晚上人静后，她罚我跪下，重重地责罚了一顿。她说："你没了老子，是多么得意的事！好用来说嘴！"她气得坐着发抖，也不许我上床去睡。我跪着哭，用手擦眼泪，不知擦进了什么微菌，后来足足害了一年多的翳病。医来医去，总医不好。我母亲心里又悔又急，听说眼翳可以用舌头舔去，有一夜她把我叫醒，她真用舌头舔我的病眼。这是我的严师，我的慈母。

第三节
为人贵德

传世家训

朱子家训

《朱子家训》又名《朱子治家格言》，由朱熹后人朱柏庐所作，讲述了为人处世、修身治家的道理，主张勤俭持家、公平厚道、诚实待人、与人为善等教育思想。自问世以来流传甚广，被历代士大夫尊为“治家之经”。

朱柏庐（1627—1698），昆山玉山人，名用纯，字致一，清代著名理学家、教育家。

朱柏庐像

【选文】

君之所贵者，仁也。臣之所贵者，忠也。父之所贵者，慈也。子之所贵者，孝也。兄之所贵者，友也。弟之所贵者，恭也。夫之所贵者，和也。妇之所贵者，柔也。事师长贵乎礼也，交朋友贵乎信也。见老者，敬之；见幼者，爱之。有德者，年虽下于我，我必尊之；不肖者，年虽高于我，我必远之。

【译文】

作为国君，最重要的是怀有仁慈的心。作为臣子，最重要的则是忠诚。为人父，最重要的是慈爱。为人子，最要紧的则是孝道。作为兄长，最要紧的是友爱弟妹。作为弟妹，最要紧的则是恭敬兄长。做丈夫的，最重要的是态度平和。做妻子的，最要紧的则是性情温柔。与师长相处，最重要的是合乎礼；与朋友相交，最重要的则是讲信用。遇见老者，当有尊敬之心；看见幼者，当有慈爱之心。对品德高尚的人，即使年纪比我小，我也会尊敬他；对那些品行不端者，即使年纪比我大，我也该远离他。

一纸家书

论教子

父母同负教育子女责任，今我寄旅京华，义方之教，责在尔躬。而妇女心性，偏爱者多，殊不知，爱之不以其道，反足以害之焉。

其道维何？约言之，有“四戒”“四宜”。一戒晏起，二戒懒惰，三戒奢华，四戒骄傲。既守四戒，又须规以四宜：一宜勤读，二宜敬师，三宜爱众，四宜慎食。

以上八则，为教子之金科玉律，尔宜铭诸肺腑，时时以之教诲三子。虽仅十六字，浑括无穷，尔宜细细领会，后辈之成功立业，尽在其中焉。书不一一，容后续告。

——《纪晓岚家书·寄内子》节选

【译文】

父母共同负有教育子女的责任，现在我寄住在京城，教育子女做人的责任就落在你一个人的身上了。而做母亲的本性，多对子女有所偏爱，她们不知道偏爱而不讲原则，反而会祸害自己的子女。

那教育子女的原则是什么呢？大略说来，有“四戒”“四宜”。一戒晚起，二戒懒惰，三戒奢华，四戒骄傲。既要遵守“四戒”，又必须规定“四宜”：一宜勤苦读书，二宜尊敬老师，三宜爱护众人，四宜谨慎饮食。

以上八条，是教子不可变更的条例，你应该牢记在心，时时用之教育三个孩子。虽然上述只十六个字，但它总括了无穷的意思，你要仔细领会。孩子们将来成功立业，都在这十六个字之中。信中不能谈到所有的方面，其余的事容后继续告知。

践行园

读万卷书，行万里路。在曲阜有保存完好的周公庙、诗礼堂，建议同学们利用周末时间和家人一起去游学参观。周公教子还有金人铭背的故事，请同学们找来读一读吧。

诗礼堂

周公庙

第二章 明礼谨行

礼（禮），会意字，从示，从豊，“豊”是行礼之器。“礼”的本义是举行仪礼，祭神求福。在社会生活中，指由道德观念和风俗习惯组成的仪节，也指符合社会整体利益的行为准则。

第一节
学礼立身

1. 子曰："不学礼，无以立。"

——《论语·季氏》

【译文】

孔子说："不学习礼仪礼貌，就不懂得怎样立身。"

2. 人无礼则不生，事无礼则不成，国家无礼则不宁。

——《荀子·修身》

【译文】

人不守礼就没法生存，做事没有礼就不能成功，国家没有礼就不能安宁。

3. 子曰："为国以礼，其言不让，是故哂之。"

——《论语·先进》

【译文】

孔子说："治理国家要讲礼让，可他（指子路）的话却一点不谦让，所以笑他。"

第二节
循礼而行

曾子循礼

曾子像

一次曾子在孔子身边侍坐，孔子就问他："以前的圣贤之王有至高无上的德行、精要奥妙的理论，用来教导天下之人，人们就能和睦相处，君王和臣下之间也没有不满，你知道它们是什么吗？"曾子听了，明白孔子是要教给他最深刻的道理，于是立刻从坐着的席子上站起来，走到席子外边，恭恭敬敬地回答道："我不够聪明，哪里能知道？还请老师把这些道理教给我。"

"曾子避席"的故事由此而来。当曾子听到老师要向他传授知识时，他立即站起身来，走到席子外向老师请教，是为了用行为表示对老师的尊重。古人认为，"避席"是一种非常礼貌的行为。

曾子终生按礼制去做事，直到生命的最后一刻。《礼记·檀弓上》记载了曾子“临终易箦”的故事：曾子临终前知道自己所铺的席子是士大夫才能用的席子，认为不合礼制，于是使出最后的力气叫儿子把席子换掉。众人抬起曾子换掉席子，还没来得及将曾子安顿妥当，曾子就闭上眼睛安详地离开了。

曾子一直以实际行动教育儿子按礼制去做事，他知礼的故事也被后人传诵至今。

周公教子懂礼

周公一生重视礼仪，对自己的儿子也要求极为严格，从小就要求他们讲究礼仪，以礼待人。伯禽小的时候，与康叔一起去见周公，周公见到他们一句话也不说，拿起板子就责打伯禽。连续几次，每次都如此。伯禽百思不得其解，最终决定去请教贤人商子。商子耐心听完来龙去脉，说：“南山之阳有乔木，你可去请教。”伯禽马上动身前往山南，阳光透过乔木照进森林，乔木高大挺拔，屹然挺立，他回来把所见景象告诉商子。

商子缓缓说道：“乔木高高上仰，这好比你的父亲。”说罢，又让他到南山之阴去请教梓木。伯禽辗转到了山北，山北的梓木和南面的乔木可以说是截然相反。不同于山南乔木的高大巍峨，山北的梓木个个矮小低垂，卑然下俯。伯禽回来后又将所见景象告诉商子，商子耐心地启发他说：“梓木卑然下俯，这好比你自己。”

伯禽一听，恍然大悟：长幼有序，作为儿子应该谦卑恭敬，对父亲倍加敬重。于是，伯禽便满怀信心地去见父亲。他提前整理好衣冠，毕恭毕敬，徐徐迈进大门。到了堂上，又恭敬谨慎地行跪拜、参见之礼。周公见儿子一改往日的粗鲁，异常高兴，和蔼地和他一起吃饭，摸着他的头问是哪位贤人教的。伯禽回答说是商子，周公禁不住夸赞道："商子真可以说是你礼仪上的好老师啊！"

门庭儒韵，敝舍书香

走近孔令绍的家门，门上的楹联映入眼帘："东鲁雅言诗书执礼，西京明诏孝悌力田"；横批："诗礼传家"。凝视着楹联，似听到了主人的心声：一个家庭，文化传承比财富积累更重要。

2017 年 6 月 26 日，《光明日报》发表对他家的专访：

"'德之本，经义行，亲之孝，国之忠。'这是孔令绍为他的孙子改编的《三字经》。从牙牙学语时便开始诵读学习，到现在 8 岁多，孙子张口就能背出全篇，也开始理解这些话所蕴含的道理。"

孔氏家族是典型的文化世家。孔子为孔氏家族留下了"诗礼传家"的好家风。孔令绍说："这是孔子为他的后人画出的两条人生底线，我把它概括为有文化，守规矩。"

清朝中期，高祖孔宪珍拟就了适合自己小家族的家训。20 世纪 90 年代，孔令绍又制定了新家训。多年来，家风家训影响着 150 多位家族成员，至今大家和睦相处，没有一人违法乱纪。

家风对人有着直接的影响。孔令绍 5 岁时父亲就去世了，母亲说："人要有冻死迎风站的骨气。"母亲的话给了他生活下去的勇气。那时候家家都很穷，母亲教育他："世上的东西该是谁的就是谁的，不是你的，眼皮儿都不能翻。"母亲的正气震撼着儿子的心灵。母亲去世时，孔令绍还没结婚，也没工作。母亲弥留之际对他说："你要记住一句话，老实忠厚修子孙，尖酸刻薄损后人。"母亲的教诲让孔令绍受益终身。

孔令绍长期从事党的意识形态工作。从党的十一届六中全会精神一直讲到党的十八大精神，从机关学校、工厂农村到集市社区，每年上百场，受众几十万，孔令绍及时把党的声音传达给群众。

退休后，他讲儒学，写文章，做公益，忙得不亦乐乎。孔令绍认为，家庭、家教、家风建设既是家事，也是国事。多年来，孔令绍饱含家国情怀，致力于家教家风研究，家风文化的普及、推广及弘扬。他被邀请到 20 多个省、市讲家风，南到湖、上、广，北到黑、吉、辽，东到青岛、潍坊，西到甘肃、西藏，讲了数百场。大众网以《传递党的声音四十载不停歇》为题对他进行了专题宣传。

在父亲的影响和言传身教下，儿子孔颖也热心公益事业，担任曲阜市家风传承志愿服务队队长，被聘为山东省好家庭好家风宣讲团成员。2018 年暑假，年仅 10 岁的孙子孔齐维续开始和爷爷同台讲家风。

家是心灵的港湾、人生的驿站、感情的归宿、灵魂的延续。好的家教家风，让孔令绍的家庭成员知感恩，思进取，明荣辱，懂进退。他们用心践行着“忠厚传家，修身养性；诗书继世，文化传承；敬畏法制，践行文明；自强自立，于国忠诚”的新家训，在潜移默化中规范自己的思想行为，提升自身的文明素养。

这个从传统文化中走出来的六口之家，先后获得“山东省文明家庭”“山东省最美书香家庭”“全国五好家庭”等荣誉称号，孔令绍本人也被中共山东省委评为山东省离退休干部先进个人。

第三节
以礼待人

传世家训

朱子家礼

《朱子家礼》由朱熹所著，主要讲纲常伦理、礼节礼仪。《朱子家礼》又名《文公家礼》。其博采众长而体例清晰，包括通礼、冠礼、婚礼、丧礼、祭礼五部分。朱熹采司马光《司马氏书仪》之思想，参酌古今，简化古礼，吸收大量民间俗礼，制定出合乎时宜的民间家礼，对后世影响深远。

朱熹（1130—1200），祖籍江西婺源，南宋著名理学家、思想家、哲学家、教育家，闽学代表人物，儒学集大成者，世人尊称为“朱子”。

朱子家礼

【选文】

凡礼有本有文，自其施于家者言之，则名分之守、爱敬之实，其本也。冠昏丧祭，仪章度数者，其文也。其本者，有家日用之常礼，固不可以一日而不修。其文又皆所以纪纲人道之始终，虽其行之有时，施之有所，然非讲之素明，习之素熟，则其临事之际，亦无以合宜而应节，是亦不可一日而不讲且习焉者也。

【译文】

礼既有根本，也有具体的表现形式。就适用于“家”的那些礼仪内容来说，由名分所守护的原则、由爱敬所表达的实际，是礼的根本。冠礼、婚礼、丧礼、祭礼的仪式、章程，是礼的表现形式。礼的根本，乃是居家治家的日常生活都要使用的，所以每天都应该学习遵守。至于礼的具体表现形式，则应贯穿人生始终，建立并维护良好的生活秩序，虽然往往只有到了特别的时候才使用，或是只有在特定的场合才使用，但是如果不是平时讲论得明白，练习得熟练，一旦事到临头，也就没有办法做到得体恰当，所以也是要时时讲论并且经常练习的。

一纸家书

傅雷致傅聪家书

我忙得很，只能和你谈几桩重要的事。

你素来有两个习惯：一是到别人家里，进了屋子，脱了大衣，却留着丝围巾；二是常常把手插在上衣口袋里，或是裤袋里。这两件都不合西洋的礼貌。围巾必须和大衣一同脱在衣帽间，不穿大衣时，也要除去围巾。手插在上衣袋里比插在裤袋里更无礼貌，切忌切忌！何况还要使衣服走样，你所来往的圈子特别是有教养的圈子，一举一动务须特别留意。对客气的人，或是师长，或是老年人，说话时手要垂直，人要立直。你这种规矩成了习惯，一辈子都有好处。

在饭桌上，两手不拿刀叉时，也要平放在桌面上，不能放在桌下，搁在自己腿上或膝盖上。你只要留心别的有教养的青年就可知道。刀叉尤其不要掉在盘下，叮叮当当的！

出台行礼或谢幕，面部表情要温和，切勿像过去那样太严肃。这与群众情绪大有关系，应及时注意。只要不急，心里放平静些，表情自然会和缓。

你的老师有多少年纪了？是哪个音乐学院的教授？过去经历如何？面貌怎样的？不妨告诉我们听听。别忘了爸爸有时也像你们一样，喜欢听故事呢。

总而言之，你要学习的不仅仅在音乐，还要在举动、态度、礼貌各方面吸收别人的长处。这些，我在留学的时代是极注意的；否则，我对你们也不会从小就管这管那，在各种礼节方面跟你们烦了。但望你不要嫌我繁琐，而要想到一切都是要使你更完满、更受人欢喜！

——《傅雷家书》节选

践行园

中国被称为礼仪之邦，礼仪是一个人思想道德水平、文化修养、交际能力的外在表现。结合生活实际，和父母一起制订家庭文明公约吧。

第三章

诚实守信

信，诚也，从人，从言，会意字，最早见于金文。本义为言语真实，引申为诚实、不欺，又引申指信用。

第一节
言而有信

1. 曾子曰："吾日三省吾身：为人谋而不忠乎？与朋友交而不信乎？传不习乎？"

——《论语·学而》

【译文】

曾子说："我每天多次反省自己：替别人做事有没有尽心竭力？和朋友交往有没有诚信？老师传授的知识是不是复习过了呢？"

2. 子曰："言必信，行必果，硁硁然小人哉！抑亦可以为次矣。"

——《论语·子路》

【译文】

孔子说："说到一定做到，做事一定坚持到底。不问是非地固执己见，那是小人啊。但也可以说是再次一等的士了。"

第二节
诚信为先

诚信上九山

济宁邹城上九山村是一座千年古村，流传着一个又一个诚信故事，影响着一代又一代上九山村人。

在上九山村流传着一个与子贡有关的故事。在孔子的弟子中，子贡是一个经商非常成功的人，因其“君子爱财，取之有道”，后人尊其为“儒商之祖”。公元前479年孔子去世时，子贡从南方移植了一棵楷树，要栽种于孔子墓前。经过上九山村时，忽然天降大雨，在一颠簸处，楷树滑到了路边。折断的树枝经过数年竟然长成了参天大树。明朝洪武年间，郑氏祖先奉旨从山西东迁，途经这里，看到竟有儒家圣贤风范的楷树，于是决定不再东移，就地安家，并希望代表诚信的“端木遗风”能荫泽后代。

上九山村

“父子慈孝，爱及他人。夫妻和顺，亲善四邻。兄弟次序，唯贤是尊。至诚至信，叶茂根深。”这是邹城上九山村郑氏家训，如今，这三十二字被每一位郑氏后人铭记于心，当作“传家宝”代代相传。

一个“诚”字，一个“信”字，勾勒出上九山村几百年延续不衰的脉络。月缺月圆，诚信不变，上九山村的诚信故事，还在不断地上演。

鸡黍之约

范式（生卒年不详），字巨卿，东汉山阳金乡（今山东省金乡县）人，一名汜。范式自幼受父亲教育做人要讲究诚信，一诺千金，范式铭记于心。

范式年少时在太学学习，与同学张劭是好朋友。张劭，字元伯，汝南人。二人结束学业，即将回归故里。别离时范式对张劭说：“两年后的今日，就是你我二人再聚之日。”两人相告而别。

两年后，约定的日期快到了，张劭请母亲提前准备好酒菜来招待范式。张母说：“已经分别两年了，他记不记得还不一定呢。再说，相距千里，你怎知他还会如约而至？”张劭回答：“范巨卿是诚信之士，一定会信守诺言，不会违约的。”张母说：“如果真是这样，我为你们杀鸡煮黍，备菜酿酒。”到了

鸡黍之约

约定的日子，范式果然如期而至。他恭敬地拜见了张劭的母亲，和张劭酣畅饮酒，尽欢而别。

分别后范式做官至山阳郡功曹，两人相隔两地，一直没有再见面。后来，张劭的积年旧病越来越严重，他临终时一直叹气，众人问及原因，他说："很遗憾不能见到我的'死友'了。"不久他就去世了。

也就在这一天，范式梦见张劭呼唤他："巨卿，我已经死了，就要下葬，就此永远阴阳两隔。即使你没忘了我，也见不到我了。"范式突然惊醒了，悲伤叹息，流下泪水。他立即禀告太守，前去为张劭奔丧。他还未赶到，葬礼已经开始，但棺木怎么也放不进墓穴。范式赶到后，叩拜行丧礼，大喊："元伯，我来了，安心上路吧！我们就此永别了。"范式拉着棺木上的绳子走在前面，棺木才开始移动起来。葬礼结束后，范式留了下来，为张劭修好坟墓，在墓地周围种上树木，一切收拾停当才离去。

范式诚信赴约、为"死友"下葬的故事在当时广为传颂，留下了"鸡黍之约"的千古佳话。范式家乡的百姓自发捐资修建了庙宇，并把范式家乡山阳金乡范庄更名为鸡黍村，以纪念二位贤士，这个名字一直沿用至今。山阳郡太守听说后，遂上表奏请建祠堂。汉明帝感其诚信，遂下令拨款修建范张祠，命名为"二贤祠"。

中都有只夫子履

春秋时期，汶上县称作中都邑。公元前 501 年，孔子担任中都邑长官，叫中都宰。任职期间，孔子提出“器不雕伪”的主张，要求出卖的产品必须名实相符，坚决反对假冒伪劣，严厉惩治不法商人，维护百姓利益，得到人们的衷心拥护。

当时，中都邑有个叫沈犹氏的商人，专靠贩羊骗人为业。他用很低的价格收购瘦羊，买回家以后，用盐水拌草料饲喂。羊吃了食盐口渴，便大量饮水，体重增加很多。沈犹氏将肚子鼓胀的羊赶到集市，外行人认为羊是膘肥体壮，争相购买，沈犹氏便高价出售。这样，一只羊一夜之间便可增重十多斤，沈犹氏因此发了财。然而，买主把羊买回家后，不出三五天，羊必死无疑。一年来，沈犹氏用这一招，不知坑害了多少善良的穷苦人。

有人把这件事告诉了孔子，孔子决定设法惩治沈犹氏。这天又到了中都邑集市的日子，孔子安排一个仆人到集市上分别向沈犹氏和另外一位商人各买下一只羊，然后把赶集的人招呼到一片空地上，要看一看这两只羊有什么不同。孔子让一个屠户杀掉了向沈犹氏购买的羊，然后剖开这只羊的肠胃，从羊的肠胃里流出的盐水盛满了一只大盆。孔子令人称了一下盐水的重量，足足有 12 斤重。杀掉另一只羊后，肠胃里却只流下了一点血水。孔子对沈犹氏说：“你从事贩羊的生意有一年了，卖出了几百只喂盐水的羊，每只多卖出 12 斤，合起来就是很大的一个数目。况且，喂过盐水的羊大多无法活下去，这个损失就更大了。你知道自己犯下的罪过吗？”

这时候，围观的人们义愤填膺，纷纷要求重重惩罚沈犹氏。有人说：“先重责四十大板，然后从军发配，令其永世不得贩羊害人！”有位青年人说：“将沈犹氏腹中灌进 12 斤盐水，令其活活胀死，为那些屈死的羊伸冤报仇！”青年人的主意引起了一阵哄笑。一位老人说：“沈犹氏为图财而做出这种不讲仁义的事情，十分可恶。做这样的事情的人一旦多起来，就会演变成一种不良风气，那就更可怕了。应该把这件事作为一个典型，重重处罚沈犹氏，并通告全国，教育他人。”

孔子听了老人的一番议论，十分高兴，当场宣布说：“对沈犹氏罚款五千，通告全邑，以彰其咎，若有再犯者，加倍惩处。”

一件贩羊行骗的案件就这样干净利落地断明了，在场百姓无不赞叹。这件事很快传遍了鲁国，诡诈商贩无不收敛，中都邑和鲁国渐渐形成了公买公卖的良好社会风气。

孔子任中都宰一年，发展经济，注重教化，褒扬善事，惩治坏人，人民安居乐业，四方的诸侯都派人前来学习。鲁国国君知道后就把孔子调到鲁都曲阜，先任命他为大司空，后又提升他为掌管司法大权的大司寇。

孔子离开中都到曲阜上任时，中都的百姓倾城出动，沿途相送，依依不舍。孔子说：“希望大家遵循礼范，长此下去中都必然万世安泰，我人虽去，脚印还留在这里。”孔子边说边脱下脚上穿的一只靴子，说：“留下这只靴子，表示我永远立足中都。大家既然拥戴我，我走后请继续按照我倡导的原则行事吧！”孔子走后，人们在城东门楼上专门修建了一座楼阁，供放他的那只靴子。

这就是“中都有只夫子履”的佳话。后来，清官离任脱靴、留靴的美举，就是孔子在汶上任中都宰时开的头。

第三节
言忠信，行笃敬

传世家训

1. 许人一物，千金不移。

——《增广贤文》

【译文】

答应给别人的东西，就是给我一千两金子也不会改变。

2. 一言既出，驷马难追。

——《增广贤文》

【译文】

一句话说出了口，就是四匹马拉的车也难追上。

3. 志不强者智不达，言不信者行不果。

——《墨子·修身》

【译文】

志向不坚定的人，智慧就得不到充分的发挥；讲话不守信用的人，行动就不会果敢。

一纸家书

诫子书（选文）

羊祜

吾少受先君之教。能言之年，便召以典文。年九岁，便诲以诗书。然尚犹无乡人之称，无清异之名。

今之职位，谬恩之回耳，非吾力所能致也。吾不如先君远矣，汝等复不如吾。谘度弘伟，恐汝兄弟未能致也；奇异独达，察汝等将无分也。

恭为德首，慎为行基。愿汝等言则忠信，行则笃敬。无口许人以财，无传不经之谈，无听毁誉之语。闻人之过，耳可得受，口不得宣，思而后动。

若言行无信，身受大谤，自入刑论。岂复惜汝，耻及祖考。思乃父言，聆乃父教，各讽诵之。

【译文】

我从小就受到父亲的教导。能说话的年龄，他就教我学那些可以作为典范的重要文籍。到了九岁，父亲便教我学《诗经》《尚书》，但是我还没有得到家乡人的称誉，也没有特别的才能。

今天我所得到的官职地位，可以说是皇帝误把恩惠赐给我罢了，并不是我的能力所能得到的。我远不如我的父亲，你们又不如我。见解高深，志向远大，恐怕你们兄弟没有这个能力；

才能非凡，智慧通达，看来你们也没有这样的天分。

恭敬是道德的首要，谨慎是行事的基础。希望你们言语忠信，行为笃敬。不要随便许给别人财物，不要传播没有根据的谣言，不要偏听诋毁或浮夸的一面之词。听说了别人的过错，耳朵可以听，但不要再去宣扬，三思之后再决定如何去做。

如果不讲信用，势必身受很多指责唾骂，甚至落得以刑罚论处，自取灭亡。我难道只是怜惜你们吗？我是担心这会给祖辈父辈也带来耻辱啊。好好想想你们父亲的话，听从你们父亲的教诲，每个人都要认真温习和背诵它。

践行园

1. 有人认为范式太过迂腐，他当时践守诺言的行为现在已经过时了。请结合现实，谈谈你的看法，你认为该如何延续诚信之风呢?

2. 请任选一则故事，改成话剧，小组共同演绎。

第四章
重学惜时

学，会意字，最早见于甲骨文，其本义是对孩子进行启蒙教育，使之觉悟，即表示“进行教导”。另，“学”表示接受教育，由此引申出互相讨论、模仿、注释、讲述、知识等含义。

第一节
学而时习

1. 子曰："学而时习之，不亦说乎？"

——《论语·学而》

【译文】

孔子说："学习过后就去实践它，不也是一件很愉快的事吗？"

2. 子在川上曰："逝者如斯夫！不舍昼夜。"

——《论语·子罕》

【译文】

孔子站在河边说："消逝的时光就像这河水一样呀，日夜不停地流去。"

第二节
耕读传家

颜之推训子

颜之推（531—约 597），字介，孔子弟子颜回的后人，南北朝时期文学家。颜之推一生历经梁朝、西魏、北齐、北周和隋朝，从江南到北国，三次亡国，九死一生。他在晚年回首岁月，感悟人生，留下了流传千古的《颜氏家训》。

颜之推在北齐的时候，一次因思乡喝多了酒被贬至赵州。颜之推的儿子颜思鲁七岁，正是贪玩的年龄，一天到晚光顾玩耍，不愿意学习。

有一天，颜之推从衙署回家后检查思鲁的作业，发现思鲁的大仿写得很潦草，让他背《诗经》时，他也磕磕巴巴背不下来。颜之推很生气，拧住思鲁的耳朵教训他。思鲁却不思悔改，颜之推就一脚将他踢倒，让他跪在地上认错，说："咱们祖宗说过，'教子婴孩'，现在放任自流，将来怎么管得了？古人云，圣人易子而教，可我们在这蛮夷之地，孩子换给谁教啊！只能自己严格管教啊。我小时候，私塾里有一个孩子，被溺爱得不得了，一句话说得好，要夸奖一年，干了坏事，替他遮遮掩掩，希望他自己改，结果长大了被抽肠祭鼓。梁朝大将王僧辩现在四十多岁了，带兵三千，稍不如意，他的母亲魏夫人就用棒槌责打。王僧辩成为忠臣良将，官至大司马，与他母亲的严格管教分不开啊。我小时候父亲管教严格，等到我父亲去世，哥哥只是供我生活，不管教育，结果我养成了散漫、饮酒的毛病。到现在知道生活的不易，但这些毛病却很难改了。”

在颜之推的严格管教下，颜思鲁开始勤勤恳恳地学习，最终以学问著称于世。隋朝统一全国之后，颜思鲁先做太子伴读，后任东宫学士。入唐之后，任记室参军。

文天祥竹居苦读

“人生自古谁无死，留取丹心照汗青。”文天祥舍身取义的故事家喻户晓。早期的学习生活对文天祥的影响深刻，父母的言传身教让他受益终身。

文天祥幼年，就和弟弟文璧进入父亲的私塾学习。父亲的书斋名为“竹居”，起初文天祥对此不解。他好奇地问父亲：“为什么要把书斋命名为‘竹居’？”父亲文仪轻抚着儿子的小脑袋解释道：“竹子巍然直立，不畏严寒，宁直不弯，读书做人也是这样。”小天祥暗暗记下了父亲的话。

白天，文天祥在父亲的指导下读诗背书，练习毛笔字。晚上，父亲就把文天祥兄弟俩叫到跟前，检查他们白天背诵过的课文。

父亲不仅要求儿子会背，还详细地讲解内容，让他们理解消化。不论是盛夏酷暑还是三九寒冬，父亲对兄弟二人的学业一直严加管教，从不肯放松丝毫。有一次，文天祥和小伙伴上山去采野果子，几人一起玩到很晚，错过了夜课。文仪对此十分生气，一直等在正厅。文天祥回来后，文仪立马把他叫到竹居罚跪，文天祥跪着背诵白天学过的文章，直到背出来才被允许起身。

为了给孩子更好的教育，文仪先后为文天祥兄弟二人延请了品行端良、学问渊博的老师。为了请名师，文天祥父母常常省吃俭用，母亲还悄悄变卖首饰，即便如此，也常常是无力支付老师的薪金。后来实在没有办法了，文仪又担任起兄弟二人的老师。竹居里，有时书声琅琅，那是父子正在高声诵读；有时静悄无声，那是他们在默读思索。文仪和儿子们彼此分享学问，其乐融融。

竹居的苦读生活给文天祥留下了美好的回忆。“幼蒙家庭之训，长读圣贤之书”这两句话高度概括了文天祥的早年学习生活。文天祥后来能考中状元，成为宋末的英雄，与他少年时代竹居苦读生活是分不开的。

刘邦教子多读书

汉高祖刘邦曾经是一个掌管方圆十里地方的小官。当时正是秦始皇禁书之时，他也觉得读书没有什么益处，所以就没有好好读书。夺取天下后，刘邦仍旧瞧不起读书人。

有一次，谋臣陆贾谈论起《诗经》《尚书》来，刘邦非常不悦地说："我的天下是在战马上得来的。"陆贾立刻反问道："马背上得天下，难道还能在马背上治理天下吗？"一句话问得刘邦顿时无语。

后来刘邦细细一想，茅塞顿开，便立即让陆贾把古往今来的定国得失写成十二篇文章送给他学习。刘邦逐渐地开始敬重饱读经书的张良、萧何、韩信等人，自己也注重看书学习了。

晚年的时候，刘邦给儿子刘盈(汉惠帝)写了一道手令，他以自己的亲身经历和体会告诉儿子："我过去不喜欢读书，一直认为读书没有什么用处。这是完全错误的。这些年做了皇帝，我才知道了读书的重要，因此也就常常看书学习，从中知道了许多古代圣贤做人与治国的道理。我用书上记载的这些道理来对照自己过去的所作所为，深深感到自己有许多不对的地方。我现在是非常后悔的。"他又语重心长地对儿子说："你一定要勤于学习，刻苦读书、写字。奏章要亲自动手写，不能让别人代笔……"刘邦渴望子孙读书治国的殷切之情溢于言表。

第三节
勤学守行

传世家训

颜氏家训

《颜氏家训》

《颜氏家训》是一部记述个人经历、思想、学识并以之告诫子孙的经典家训，共七卷二十篇。全书涵盖了从饮食起居、修身养性到为人处世、求学致仕等方方面面的内容。后世赞誉《颜氏家训》“篇篇药石，言言龟鉴，凡为人子弟者，当家置一册，奉为明训，不独颜氏”，为“古今家训之祖”。

【选文】

士君子之处世，贵能有益于物耳，不徒高谈虚论，左琴右书，以费人君禄位也。国之用材，大较不过六事：一则朝廷之臣，取其鉴达治体，经纶博雅；二则文史之臣，取其著述宪章，不忘前古；三则军旅之臣，取其断决有谋，强干习事；四则藩屏之臣，取其明练风俗，清白爱民；五则使命之臣，取其识变从宜，不辱君命；六则兴造之臣，取其程功节费，开略有术：此则皆勤学守行者所能办也。人性有长短，岂责具美于六涂哉？但当皆晓指趣，能守一职，便无愧耳。

【译文】

君子处世，贵在能够有益于事物，不能光是高谈阔论，左琴右书，耗费君主的俸禄官位啊！国家使用人才，大体不外乎六个方面：一是朝廷的臣子，取其明白治理国家的基本原则，取其治国的谋略，取其品学的博大雅正；二是文史的臣子，用他能撰写典章，不忘先古；三是军旅的臣子，用他能决断有谋，强力能干，熟悉军事；四是地方官员，用他能熟悉风土人情，廉洁爱民；五是从事外交活动的官员，用他能掌握形势的变化并予以恰当的处置，不辱君命；六是主管土木建筑的官员，用他能估量工程的效率和进度，节约经费开支，谋划有方：这都是勤奋学习、认真工作的人所能办到的。只是人的秉性各有短长，怎可以要求这六个方面全都做好呢？只要对这些都通晓宗旨和要领，而做好其中的一个方面，也就不用惭愧了。

一纸家书

梁启超写给孩子们

思成和思永同走一条路，将来互得联络观摩之益，真是最好没有了。思成来信问有用无用之别，这个问题很容易解答，试问开元、天宝间李白、杜甫与姚崇、宋璟比较，其贡献于国家者孰多？为中国文化史及全人类文化史起见，姚、宋之有无，算不得什么事；若没有了李、杜，试问历史减色多少呢？

我也并不是要人人都做李、杜，不做姚、宋，要之，要各人自审其性之所近何如，人人发挥其个性之特长，以靖献于社会，人才经济莫过于此。思成所当自策厉者，惧不能为我国美术界作李、杜耳。如其能之，则开元、天宝间时局之小小安危，算什么呢？你还是保持这两三年来的态度，埋头埋脑去做便对了。

你觉得自己天才不能负你的理想，又觉得这几年专做呆板工夫，生怕会变成画匠。你有这种感觉，便是你的学问在这时期内将发生进步的特征，我听见倒喜欢极了。孟子说：“能与人规矩，不能使人巧。”凡学校所教与所学总不外规矩方圆的事，若巧则要离了学校方能发见。规矩不过求巧的一种工具，然而终不能不以此为教、以此为学者，正以能巧之人，习熟规矩后，乃愈益其巧耳。不能巧者，依着规矩可以无大过。

你的天才到底怎么样，我想你自己现在也未能测定，因为终日在师长指定的范围与条件内用功，还没有自由发掘自己性灵的余地。况且凡一位大文学家、大美术家之成就，常常还要许多环境与其附带学问的帮助。中国先辈说要“读万卷书，行万里路”。你两三年来蛰居于一个学校的图案室之小天地中，许多潜伏的机能如何便会发育出来，即如此次你到波士顿一趟，便发生许多刺激，区区波士顿算得什么，比起欧洲来真是“河伯”之与“海若”，若和自然界的崇高伟丽之美相比，那更不及万分之一了。然而令你触发者已经如此，将来你学成之后，常常找机会转变自己的环境，扩大自己的眼界和胸怀，到那时候或者天才会爆发出来，今尚非其时也。

今在学校中只有把应学的规矩，尽量学足，不唯如此，将来到欧洲回中国，所有未学的规矩也还须补学，这种工作乃为一生历程所必须经过的，而且有天才的人绝不会因此而阻抑他的天才，你千万别要对此而生厌倦，一厌倦即退步矣。至于将来能否大成，大成到怎么程度，当然还是以天才为之分限。

我生平最服膺曾文正两句话："莫问收获，但问耕耘。"将来成就如何，现在想他则甚？着急他则甚？一面不可骄盈自满，一面又不可怯弱自馁，尽自己能力做去，做到哪里是哪里，如此则可以无入而不自得，而于社会亦总有多少贡献。我一生学问得力专在此一点，我盼望你们都能应用我这点精神。

——《梁启超家书》节选

践行园

1. 请找到《颜氏家训》第八篇《勉学》，和家人一起读一读，并分享你们的感想。

2. 请同学们课外阅读济宁作家杨义堂的长篇历史文学作品《千古家训》《大孔府》。

第五章
克勤克俭

勤，指频繁而努力地劳动。由堇、力组成，左声右形。堇是多音字，有三个读音，分别是 jǐn，qīn，jìn。此处取 qīn 音。《说文》中堇的本义是指黏土。“勤”以“堇”为声旁，同时兼有表意的作用，与形旁“力”共同表示在土地中劳作之意。

第一节
俭以养德

1. 子曰："奢则不孙，俭则固。与其不孙也，宁固。"

——《论语·述而》

【译文】

孔子说："奢侈豪华就会显得不谦逊，省俭朴素则会显得寒酸。与其不谦逊，宁可寒酸。"

2. 夫君子之行，静以修身，俭以养德，非淡泊无以明志，非宁静无以致远。

——诸葛亮《诫子书》

【译文】

身为君子，应当以不受外界影响来修养自身，用节俭来培养自己的品德。对于名利，如果不采取淡泊的态度就无法让志向坚定，不排除外界干扰就不能进步，最终无法成就远大目标。

第二节
勤俭廉政好传统

廉洁为民的吴岳

吴岳（1501—1570）是嘉靖年间进士，汶上县籍“四尚书”之一。他为官清正廉洁，一心为公，明察秋毫，处事公正，为老百姓所拥戴。

吴岳生活简朴，克己奉公。他任庐州（今安徽省合肥市）知州时，在京口偶遇同科进士苏州知府王廷。老友相见，格外开心，兴致浓时，两人决定去金山游玩。准备起程时，王廷见吴岳拿了一斤肉、一瓶酒和一点蔬菜，就笑着问道：“这些吃食是否有点寒酸呢？”吴岳笑着答道：“足矣，足矣。这些足够我们两人吃的了。”作为地方知州，出游时如此节俭朴素，不滥用权力为己谋私，这种高尚的品格在当时也传为佳话。

吴岳像

吴岳关心百姓疾苦，注重兴利除弊。他刚担任庐州知州时，约束府衙吃穿用度，首先散去大部分侍从仆役，亲自处理生活和工作中的各类琐事，用烦琐事务的劳苦来提醒自己不忘初心，不溺于权钱之势，不耽于声色犬马，廉洁为民，一心奉公。吴岳的节俭作风带动下属官僚一应节约开支，因此庐州每年数万两的官税大部分被节省下来。吴岳不取一分一厘，而是将其回馈给百姓，设立慈善救济机构，济贫赈灾；兴修农业设施，造福百姓。

范仲淹教子勤俭持家

勤俭廉政是中国古代仁人志士“修身”的具体要求之一。北宋著名政治家和文学家范仲淹的勤俭廉政，既体现在他“先天下之忧而忧，后天下之乐而乐”的理念之中，也表现在他言传身教，教育自己孩子要勤俭持家的故事里面。

范仲淹小时候，家境非常贫苦，十多岁才上学。但他刻苦学习，最后官至参知政事。范仲淹身为朝廷要员，仍不忘家教，对孩子们的要求非常严格。某年中秋节晚上，范仲淹的小儿子范纯粹问：“父亲，今日过节，为何我们家的晚餐如此简单？”范纯仁小声地对弟弟说：“弟弟，父亲有规矩，家里不来重要客人，吃食一应从简。”

范仲淹看着刚满五岁的小儿子若有所思，感叹道：“孩子，你知道父亲小时候都吃什么吗？当年，你们的祖父去世后，我跟着你们的祖母从徐州流亡到了山东，家里极其穷困，一锅粥要分两顿吃。刚做官时，我的俸禄少，我与你们的母亲和祖母仍然省吃俭用。如今，虽然我的俸禄充足，但你们祖母却已经无福消受，每每想来我都自惭形秽。”讲到这里，除了范纯粹仰着小脸听父亲说话，范纯仁、范纯礼都低着头，眼角似乎还有泪水闪烁。范仲淹接着说：“如今我们生活条件改善，你们兄弟几个没吃过苦头。我很担心，你们会不会丢掉咱们范家勤俭的家风啊！”几个孩子听了这话，都低头思索，默默无语。“勤俭”的品质就在潜移默化中融入他们的血液里。

友爱和睦铸就最美家庭

嘉祥县的国德胜，家中六口人中有四人曾是军人。祖孙三代人先后穿起军装，投身祖国国防建设；复员后又服务地方，为家乡建设贡献自己的力量。半个世纪以来，他们脚踏实地、默默奉献，用良好的家风书写着军人之家的美好形象。其家庭被评为“全国最美家庭”“山东省最美家庭”。

国德胜的父亲国舒清曾是一名军人，后转为部队军工。他从小就常听父亲讲部队生活，年幼的他被英雄们的事迹深深地吸引。1990年，18岁的国德胜应征入伍，积极要求去最艰苦的部队，在部队时多次被评为优秀士兵。1994年担任代理排长期间，由于带队军事训练成绩突出，国德胜荣获三等功。回到地方后，他保持着“干一行，爱一行”的信念，工作尽心尽力，受到一致好评。1997 年，国德胜认识了曾是军人的赵莉，两人有着相似的生活经历和人生理想，不久两人结为夫妻，育有一子。

谁知天降横祸，2000 年，国德胜在下班途中遭遇车祸，右手失去了功能。然而，国德胜凭借军人坚强的意志战胜了身体的病痛，他重整旗鼓，积极进修学习，取得了法学本科学历和学士学位，并将所学知识运用到实际工作中，成了单位的骨干，连续多年荣获政府表彰。2008 年，国德胜的母亲突发脑出血，瘫痪在床，妻子赵莉耐心地在病榻前服侍。母亲去世以后，赵莉还要照顾年迈的军人父亲。2011 年，赵莉荣获“嘉祥县首届道德模范”称号。在爷爷和父母的影响下，国德胜的儿子国栋梁考上大学后，也毅然选择进入军营，于 2017 年应征入伍。到部队后国栋梁积极参加训练，发扬不怕苦、不怕累的精神，严格要求自己，高质量完成任务，2018 年他被评为优秀士兵。

良好的家风是家人终身受用的财富。国德胜常说：“革命军人身上的正气、使命感和责任感是我们这个家庭的幸福之基。”在国德胜的带动和影响下，全体家庭成员各司其职、共同努力，倾心创建了一个温暖、和谐、文明的美好家庭。

第三节 勤俭传家

传世家训

1. 志从肥甘丧，心以淡泊明。

——《增广贤文》

【译文】

人的志向会在养尊处优中丧失，心志会因淡泊名利而明晰高远。

2. 常将有日思无日，莫待无时想有时。

——《增广贤文》

【译文】

在过富有的生活的时候，要想到以后可能会过贫穷的日子，不要到了一无所有的时候再来回想以前的美好生活。

3. 一粥一饭，当思来之不易；半丝半缕，恒念物力维艰。

——《朱子家训》

【译文】

对于一粥一饭，我们应当想着来之不易；对于一丝一线，我们也要常念着这些物资的生产是很艰难的。

一纸家书

致侄书

前接吾侄来信，字迹端秀，知近日大有长进。纪鸿奉母来此， 询及一切，知侄身体业已长成，孝友谨慎，至以为慰。吾家累世以来，孝弟勤俭。辅臣公以上吾不及见，竟希公、星冈公皆未明即起，竟日无片刻暇逸。竟希公少时在陈氏宗祠读书，正月上学，辅臣公给钱一百，为零用之需。五月归时，仅用去一文，尚余九十九文还其父，其俭如此。星冈公当孙入翰林之后，犹亲自种菜收粪。吾父竹亭公之勤俭，则尔等所及见也。今家中境地虽渐宽裕，侄与诸昆弟切不可忘却先世之艰难，有福不可享尽，有势不可使尽。勤字工夫，第一贵早起，第二贵有恒；俭字工夫，第一莫着华丽衣服，第二莫多用仆婢雇工。

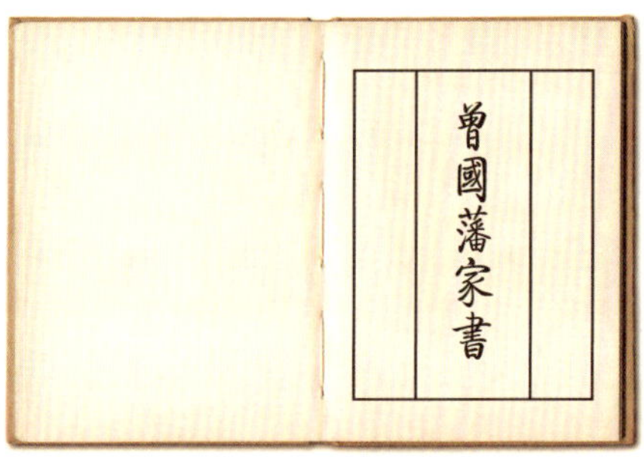

《曾国藩家书》

凡将相无种，圣贤豪杰亦无种，只要人肯立志，都可以做得到的。侄等处最顺之境，当最富之年，明年又从最贤之师，但须立定志向，何事不可成？何人不可作？愿吾侄早勉之也。

——《曾国藩家书》节选

【译文】

日前接到侄儿来信，字体端庄秀丽，可知你近日大有长进。纪鸿奉母亲之命来我这里，我询问了你们的情况，知道侄儿你已经长大成人，孝顺长辈，对人友爱，行事谨慎，我非常欣慰。我们曾家几代人都持孝悌勤俭的家风。高祖以上各代我不曾见识，但我的曾祖竟希公、祖父星冈公等都是天还没亮的时候就起床，整天没有一点时间去闲暇逸乐。竟希公年少时在陈家宗祠读书，正月里开学，辅臣公给他铜钱一百文作零用钱。到五月回家时，只花了一文钱，还剩下九十九文还给他父亲，他为人俭朴能到这种地步。而我的祖父星冈公到了孙子辈已经进了翰林院，仍然亲自种菜收粪。我父亲竹亭公的勤勉俭朴，则是你们都曾看到过的。现在家中情况虽越来越宽裕，侄儿以及你们兄弟切切不能忘记前辈们的艰难，有福分不能只图享受，有权势也不能滥用。勤字的素养，第一贵在每天早起，第二贵在有恒心；俭字的素养，第一不要穿华丽服装，第二不要过多地用仆人、婢女和雇工。大抵说来，将军宰相并非靠血统相传相袭，圣贤豪杰也不是靠血统相传，只要人肯立下志向，都是可以做得到的。贤侄你等身处最顺遂的环境，又正当年轻有发展的岁数，明年起又可以师承最贤明的师长，只要能够立定自己的志向，有什么事情做不成？什么样的人不能做呢？希望侄儿早早为此努力。

践行园

读了这些关于勤俭持家的故事，你打算在今后的学习和生活中怎么做呢？联系生活实际来谈一谈你家的勤俭故事或你从名人故事中受到的启示。

第六章
以孝为本

孝，最早出现于商朝，指在父母生前应尽心尽力地奉养，在父母去世后遵守守丧的礼俗。早期金文的“孝”，形似一个小孩儿（“子”）搀扶着老人走路，即恭敬地服侍老人就是“孝”。

第一节
《论语》里的“孝”

1. 子曰：“弟子入则孝，出则弟（tì）。谨而信，泛爱众，而亲仁。”

——《论语 · 学而》

【译文】

孔子说：“弟子们在父母跟前，就孝顺父母；出门在外，要顺从师长。言行要谨慎，要诚实可信，要广泛地去爱众人，亲近那些有仁德的人。”

2. 子曰：“父母之年，不可不知也。一则以喜，一则以惧。”

——《论语 · 里仁》

【译文】

孔子说：“父母的年纪，不可不知道。一方面为他们的长寿而高兴，另一方面又为他们的衰老而恐惧。”

第二节
孝闻天下

曾子受杖悟孝道

大家都知道曾子大力提倡孝道，却很少有人知道他年轻时曾因为愚孝而受到孔子严厉批评。

有一天，曾参和父亲曾晳一起在瓜田里劳作，曾参一不小心砍断了瓜苗的根。曾晳看到儿子劳作如此不谨慎，就拿起木棍敲打曾参的后背。

曾参见父亲因自己的疏忽而生气，心里感到愧疚，故而不躲不避，甘愿受罚，可是力不从心，竟失去意识，晕倒在地。

过了许久，曾参渐渐苏醒。他一醒来不是关心自身伤痛，而是害怕父亲担心。为使父亲心安，他整肃衣冠，向父亲行礼后，问道："父亲，孩儿已经知错，刚刚为教育孩儿您费力了，不知您的身体是否有不舒服的地方？"

曾晳见儿子恭敬有礼，身体无碍，于是便放心了。之后，曾参回到书房，弹起古琴，唱起歌来，他希望愉快的音乐能传达到父亲耳中，让父亲更加宽慰。

听说此事的人都称赞曾参孝顺，但孔子听说后对弟子们说：“曾参来的时候，不要让他进门。”

弟子们感到奇怪，曾参知道后更是惶惶不可终日——老师如此生气，必是由于自己有所过错。可是反复省察自身，却并未找到问题。于是，曾参请其他弟子向老师请教。

孔子向前来请教的弟子说道：“你难道没听说过舜的故事吗？舜在照顾他父亲瞽瞍（gǔ sǒu）时，不辞辛劳，尽心尽力。当瞽瞍需要舜时，舜总能及时地侍奉左右，但是当瞽瞍要杀舜时，却从来找不到舜。瞽瞍如果用小棍棒责罚舜，舜可以承受便甘愿受罚，但是如果用大棍棒责罚舜，舜就审时度势地躲开了。如此这般，瞽瞍就不会落下为父不慈的罪名，舜既保全了父亲的声名，也做到了真正的孝顺。而如今，曾参侍奉他的父亲，却不顾自身安危，以生命去承担父亲的愤怒，倘若真的丧命于父亲的棍棒之下，那岂不是陷父亲于不义？还有比这更不孝的行为吗？更何况，曾参岂非天子的子民？杀了天子子民的人，他难道不会受到惩罚吗？”

弟子们豁然贯通，曾参知晓后也顿然醒悟，不禁愧叹：“我的过错真是太大了！”

通过受杖一事，曾参对“孝”有了更深刻的理解，“孝”应当是“小杖则受，大杖则走”。

上书救父

汉文帝年间，淳于意担任齐国的太仓令，闲暇时他又拜公乘阳庆（临淄名医）为师，习得高超的医术，但他行医不图钱财名望，不肯依附权贵，得罪了不少权势之人。于是有人上书诬告淳于意受贿。按照当时刑法，淳于意应当被押解至长安，处以肉刑。

淳于意育有五女，无一子。在被押解出发前，五个女儿围着囚车哭泣，淳于意又生气又无奈，感伤地对妻子说："你我育有五个女儿，紧要关头却没有男丁可以随我前去，这可怎么办！"幼女缇萦年方十五，听见父亲此话，更加伤怀，于是毅然挺身，主动请缨同父亲前去，随侍左右。在西入长安的途中，缇萦日夜思索，如何才能解救父亲于危难之中？唯有一纸状书，将前因后果娓娓道来。缇萦托人将写好的状书呈给汉文帝，状书上写道："我的父亲是齐国看管粮仓的太仓令，全国上下无不称赞其清廉公正，工作也从未出过什么差错。而如今竟要依照法律处以肉刑，我极为心痛，要知道，死者不能复生，而受刑者也不能恢复得完好如初。即使受刑后想要改过自新，但身体上的残疾却不容许这样做，最后终生无所作为。我愿意做官府中的奴婢，来替父亲免去残酷的刑罚，使其能够改过自新。"汉文帝是一位励精图治、贤明圣达的皇帝，看完状书，不禁感叹这位女儿的胆识和孝心，最终他体恤缇萦至勇的孝心，免除了淳于意的刑罚，甚至废除了肉刑。

子路忆亲

仲由（公元前 542—前 480），字子路，春秋时期鲁国人。子路自小家境贫寒，但他对父母却极为孝顺，在侍奉父母时总是将精细的吃食留给父母，自己只吃一些粗粮野菜来果腹。即使家徒四壁，囊中羞涩，也尽力为父母提供最好的照料。

父母过世后，子路游学到南方，受到楚王的赏识。楚王十分欣赏子路的学问和品行，为他加封官位，赏赐车马、粮食、金银等。子路外出随从的车马就有数百辆；家中储藏的粮食有上万石；座位上的垫子绣样精致，层层垒叠，格外柔软；宴饮时菜肴丰盛，佳酒盈杯。楚国无人不艳羡子路富足的生活，但子路自己却总是黯然神伤，时常怀念父母。他叹息道："我现在虽然衣食无忧，生活富足，但我的父母已经不在了，他们无法和我一起享受现在的生活，这让我心中惭愧。我仍然愿意吃粗茶淡饭，为双亲跋涉百里去买米，但这种生活已经一去不复返了，我想要侍养父母，但是已经没有机会了。"

孔子称赞他说："仲由孝敬父母，可以说在父母在世时尽心尽力，父母去世后也竭尽自己的哀思。"

第三节
孝行天下

传世家训

父母呼，应勿缓，父母命，行勿懒。

父母教，须敬听，父母责，须顺承。

冬则温，夏则凊（qìng），晨则省，昏则定。

出必告，反必面，居有常，业无变。

事虽小，勿擅为，苟擅为，子道亏。

物虽小，勿私藏，苟私藏，亲心伤。

——《弟子规》

【译文】

父母亲叫你的时候，要立刻答应，不能迟缓；父母亲让你做事的时候，要马上去做，不能拖延偷懒。对父母的教诲，要恭敬地聆听；对父母的责备，要顺从地接受。子女照料父母，冬天要让他们温暖，夏天要让他们清爽凉快。早晨要向父母请安，晚上要替他们铺好被子，伺候父母安眠。出门要告诉父母一声，回来也要通报一声，以免父母挂念。平时居住的地方要固定，选定的职业或立定的志向要努力去完成，不要轻易改变。不要因为小事情，就不禀告父母而擅自去做。假如自作主张地去做事，那就不合乎为人子女的道理了。东西即使很小，也不要偷偷私藏起来。否则，一旦被发现，父母一定会非常伤心生气。

一纸家书

致父母书

十六夜，接到六月初八日所发家信，欣悉一切。祖父大人病已十愈八九，尤为莫大之福。六月二十八日，曾发一信，言升官事，想已收到。冯树堂六月十六日出京，寄回红顶、补服、袍褂、手钏、笔等物，计八月可以到家。贺礼惟七月初五日出京，寄回鹿胶、高丽参等物，计九月可以到家。

四弟、九弟信来，言家中大小诸事，皆大人躬亲之，未免过于劳苦。勤俭本持家之道，而人所处之地各不同。大人之身，上奉高堂，下荫儿孙，外为族党乡里所模范。千金之躯，诚宜珍重。且男忝窃卿贰，服役已兼数人，而大人以家务劳苦如是，男实不安于心。此后万望总持大纲，以细微事付之四弟。四弟固谨慎者，必能负荷，而大人与叔父大人惟日侍祖父大人前，相与娱乐，则万幸矣。

京寓大小平安，一切自知谨慎，堂上各位大人不必挂念。

余容另禀。

——《曾国藩家书》节选

【译文】

十六日夜接到六月初八发出的家信，欣悉一切。祖父大人的病已好了十分之八九，这真是最大的福气。六月二十八日曾发出一信，说升官的事，想来已经收到了。冯树堂六月十六日离京，我托他带回红顶、补服、袍褂、手钏、笔等物，预计八月可以到家。贺礼惟七月初五离京，又托他带回鹿胶、高丽参等物，预计九月可以到家。

四弟、九弟来信，说家中大小诸事都是大人亲自操劳，这未免太辛苦了。勤俭本是持家之道，可人所处的地位不同，大人贵体，上要奉养祖父，下要福荫儿孙，在外为族人乡里的模范。千金贵体，实在应该珍重。况且儿忝列官职，手下佣人已有好几个，而大人仍家务繁重，儿实在不安心。此后万望大人把握大事，细微小事交给四弟。四弟一向谨慎，一定能干好的，而大人与叔父大人只要日日侍奉于祖父大人面前，互相都心情愉快，就是万幸了。

在京合家大小平安，一切自知谨慎小心，堂上各位大人不必挂念。其他的容我以后再禀告吧。

践行园

“树欲静而风不止，子欲养而亲不待。”孝敬父母，时不我待。如果不从现在开始报答父母的养育之恩，将来一定会追悔莫及。想一想：我们现在应该以怎样的行动来报答父母呢？

第七章 敬师尊长

敬，尊敬、恭敬、有礼貌。“敬”最早出现于西周金文，字形由“苟（jì）”和“攴（pū）”组成。“敬”的意义随着字形的演变一直有变化。金文的左边是个口，右边是一只拿着棍或鞭的手，组合在一起表示手里举着棍子，嘴里吆喝着，有告诫、谨慎的意思。小篆敬的左边演变成了“苟”，“苟”是牧羊人吆喝羊群，有“戒”义；右边仍是手拿木棍或鞭子，意思没变。楷书**敬**由小篆敬演化而来，意思是警告，是“警”的本字。

第一节
师道尊，学风善

1. 古之学者必有师。师者，所以传道受业解惑也。

——韩愈《师说》

【译文】

古代求学的人必定有老师。老师，是传授道理、教授学业、解释疑难问题的人。

2. 三人行，必有我师焉。择其善者而从之，其不善者而改之。

——《论语·述而》

【译文】

三个人同行，其中必定有我的老师。我选择他善的方面向他学习，看到他不善的方面就对照自己，改正自己的不足。

第二节 尊师有道

颜回尊师

颜回像

颜回（公元前 521—前 481），春秋时鲁国人，是孔子最得意的弟子。在七十二贤人中，颜回受孔子称赞最多，这不仅是因为他聪明好学，更是因为他具有君子的德行。

春秋时期，孔子率弟子周游列国，先后在蔡国和陈国讲学、参政，为国君提出许多治国理政之见，但蔡、陈两国国君质疑其儒学理念，均未采纳。孔子受挫，此时楚国向孔子伸出橄榄枝，于是孔子便有意前往楚国。但是，蔡、陈两国国君忌惮楚国国力强盛，恐怕孔子的政见会为楚国国力添砖加瓦，于是便设计将孔子困在陈国和蔡国交界处的穷乡僻壤。面对两国国君的算计，孔子四处奔逃也无济于事，只能期待楚国早日前来营救。

在逃难途中，险境重重，孔子与其弟子早已四处分离，只有颜回始终陪在孔子身边，保护着老师的安全。有一天，孔子一行人路遇匡人，匡人将孔子错认为鲁国的恶人阳虎，要抓捕孔子。此时颜回临危不惧，挺身而出，将孔子与阳虎的差异分说清楚，这才使孔子免受于难。

孔子周游列国以来，屡屡受挫，有些弟子也开始质疑孔子学说的可行性，然而颜回坚定地支持老师。他认为，孔子的学说不受欢迎，只是因为当时的世道出了问题，也正因为如此，方能彰显孔子的君子品性。

由此，孔子更为喜爱这位贤达的弟子，而颜回也更为尊敬自己的老师了。

望鲁台

燕伋（jí）是孔子弟子，孔门七十二贤之一，被世人尊称为“中华尊师第一人”。

燕伋无论是建功立业，还是著书立说，都没有办法与孔子

望鲁台

的其他弟子，比如子路、子贡、颜渊等相提并论。直到唐朝开元年间，燕伋被唐玄宗追封为“渔阳伯”，他的事迹才逐渐被人们知晓；宋朝时，他更受皇帝敬重，被晋封为“千阳侯”，声誉日隆。

燕伋为什么会得到这样的厚封呢？原来，燕伋用其一生践行了四个字：尊师重教。

燕伋22岁拜孔子为师，壮年完成学业后返回自己阔别多年的故乡（今陕西省宝鸡市千阳县水沟村）。归乡后，他才华满身，乡里敬重。而他没有像其他人一样选择做官或者经商，而是在千水之滨兴办私塾，宣传教育，在偏僻的西秦传播孔子的儒家学说，并在这远离庙堂的地方默默耕耘18年。

燕伋一生始终牢记孔子的恩情，每天授课结束后，他都会走到私塾的后面，遥望鲁国的方向，那是老师孔子的家乡。燕伋虽然看不到那几乎远在天边的老师，但他每次都用衣襟捧一包土，垫在脚下，日积月累，竟在脚下形成了一个高大的土台。后来人们知道了他的事迹，便给这个土台起了一个富有诗意的名字——望鲁台。

程门立雪

程颐，字正叔，又称伊川先生。他是北宋著名的理学家和教育学家，在当时极负盛名，有许多人慕名而来向他求学。杨时便是其中一位，他中进士之后，为了丰富自己的学识，毅然放弃了高官厚禄，立志求学。40 岁的时候，他还一路颠簸到洛阳拜程颐为师，虚心求教，刻苦钻研学问。

杨时是出了名的谦虚好学。有一天，杨时因为对张载所著《西铭》有不理解的地方，就冒着刺骨的寒风，约游酢（zuò）一同前来拜见程颐。恰巧程颐在午睡，他俩不忍心惊扰老师，就恭恭敬敬地等老师醒来。当时正值寒冬腊月，天色昏暗，千里黄云。不多时，昏黄的天空开始飘起鹅毛大雪，并且越下越大。等程颐醒来时，门外的积雪已有一尺厚，而杨时和游酢两人仍坚持等待老师醒来给他们讲解问题。

后来，杨时成为天下闻名的大学者，这件事也使他成为尊师重道的典范，“程门立雪”便由此而来。“程门立雪”告诉人们，在求学的道路上，只有虚心求教才会不断获得进步，只有谦卑有礼才会得到他人的肯定。

第三节 尊师重道

传世家训

长者先，幼者后。长呼人，即代叫。人不在，己即到。
称尊长，勿呼名。对尊长，勿见能。路遇长，疾趋揖。
长无言，退恭立。骑下马，乘下车。过犹待，百步余。
长者立，幼勿坐。长者坐，命乃坐。尊长前，声要低。

——《弟子规》

【译文】

长幼有序，让年长者优先，年幼者在后。长辈有事呼唤人，应代为传唤，如果那个人不在，自己应该主动去询问有什么事。称呼尊者长辈，不应该直呼其姓名。在尊者长辈面前应该谦虚有礼，不要自我表现才能。路上遇见长辈，应恭敬问好行礼。如果长辈没有说话，应退后恭敬地站立一旁，等待长辈离去。如果自己骑着马，遇到长辈就应该下马，如果乘坐着车辆，就应该下车，让长辈先过去。长辈离开后，应站在原地，等待长辈大约离我们百步的距离之后再离开。长辈站立时，晚辈应陪立，不可以先坐下来。长辈坐定，允许我们坐下时才可以坐下。在长辈面前说话，声音要低些。

一封书信

“你是我二十年前的先生，现在仍然是我的先生”

——毛泽东致徐特立

徐老同志：

你是我二十年前的先生，你现在仍然是我的先生，你将来必定还是我的先生。

当革命失败的时候，许多共产党员离开了共产党，有的甚至跑到敌人那边去了，你却在一九二七年秋天加入共产党，而且去的态度是十分积极的。从那时至今长期的艰苦斗争中，你比许多青年壮年党员还要积极，还要不怕困难，还要虚心学习新的东西。

什么“老”，什么“身体精神不行”，什么“困难障碍”，在你面前都降服了。而在有些人面前呢？却做了畏葸（xǐ）不前的借口。你是懂得很多而时刻以为不足，而在有些人本来只有“半桶水”，却偏要“淌得很”，你是心里想的就是口里说的与手里做的，而在有些人他们心之某一角落，却不免藏着一些腌腌臜臜的东西。你是任何时候都是同群众在一块的，而在有些人却似乎以脱离群众为快乐。

你是处处表现自己就是服从党的与革命的纪律之模范，而在有些人却似乎认为纪律只是束缚人家的，自己并不包括在内。你是革命第一，工作第一，他人第一，而在有些人却是出风头第一，休息第一，与自己第一。你总是拣难事做，从来也不躲避责任，而在有些人则只愿意拣轻松事做，遇到担当责任的关头就躲避了。所有这些方面我都是佩服你的，愿意继续地学习你的，也愿意全党同志学习你。

当你六十岁生日的时候写这封信祝贺你，愿你健康，愿你长寿，愿你成为一切革命党人与全体人民的模范。

此致

革命的敬礼！

毛泽东

一九三七年一月三十日于延安

践行园

康有为说："师道既尊，学风自善。"你是如何理解这句话的？了解这些历史名人敬师尊长的故事以后，你打算在今后的生活中怎样去做呢？

第八章
以和为贵

和，相互应和。“和”最早写作“龢”，早在甲骨文中就已出现。“和”是形声字，左边的“龠”是形旁，像一排竹管并列组合而成的乐器，就像吹奏乐器中的笙；右边的“禾”为声旁，仅表读音。吹奏这些乐器时，曲调和谐，悦耳动听，因此“龢”字的本义是指乐声和谐。春秋以前“龢”字使用频繁，战国后很少使用，之后逐渐简化为和。

第一节
礼之用，和为贵

1. 有子曰："礼之用，和为贵。先王之道，斯为美，小大由之。有所不行，知和而和，不以礼节之，亦不可行也。"

——《论语·学而》

【译文】

有子说："礼的应用，以和谐为贵。古代君主的治国方法，宝贵的地方就在这里，不论大事小事都按和谐的办法去做。如果有行不通的，（也是因为）为和谐而和谐，不以礼来节制和谐，这也是不可行的。"

2. 子曰："君子和而不同，小人同而不和。"

——《论语·子路》

【译文】

孔子说："君子在人际交往中虽然要与他人保持和谐友善的关系，但在对具体问题的看法上却不必与对方苟同。小人习惯于在对问题的看法上迎合别人的心理，附和别人的言论，但在内心深处却并不抱有和谐友善的态度。"

第二节
贵“和”之道

仁义胡同

“六尺巷”的故事已是家喻户晓，历史上邻里和睦的故事还有许许多多。无独有偶，在济宁市的汶上县，也有这么一条胡同，百年来为人们所津津乐道。

明朝嘉靖年间，汶上四尚书之一的路迎，在北京掌管兵部之后，居住在汶上县城的族人倍感荣耀，便想重新翻修府邸，彰显大族气派。动工时，路家人想在路府原有基础上再扩建一圈，于是依势向东边胡同扩出了一墙。本来那条路还算宽敞，路家扩建对行人往来也影响不大。凑巧的是，胡同东边的关帝庙也在筹备修建，也想向西扩出一墙。原本还算宽绰的胡同一下子被挤占殆尽，如此一来行人便难以通行，只能绕远路。关帝庙后面街区的百姓对此十分不满，于是纷纷要求修建房屋的双方再把一墙之地让出来。

路家人觉得自家在朝中有大官撑腰，不能退让，如果让出来这一墙，岂不丢了名门望族的面子？要让也是关帝庙让！修

仁义胡同

庙的主事也不甘示弱，说：“路家官大也大不过关二爷！”于是三方争执不下。路家人连夜驰书京城，希望借助路迎的权望玉成此事。接到家书的路迎淡然一笑，随即提笔回书，并嘱咐家人一定要按回书行事。家人收到回书如获至宝，连忙拆开宣读：“千里家书为一墙，让上一墙又何妨？万里长城今还在，不见当年秦始皇。”路家人看完，惭愧无比，主动在原址基础上又向西移了一墙。关帝庙的主事看到路家人如此举动，托人打听是怎么回事，听说尚书的回信，在赞叹路尚书的肚量的同时，也有所感悟，遂也让出一墙。为纪念这段佳话，人们给这个胡同取名为“仁义胡同”。

这条胡同目前位于汶上县城的尚书路路北，与关帝庙相邻，在历史长河的冲刷下，虽然四周已是繁华闹市，但它的历史文化意义却历久弥新，永荡于人们心间。

掘地见母

郑国是春秋时期第一个强大起来并称霸的诸侯国，成就其霸业的，正是郑国第三任君主郑庄公。而郑庄公和他的母亲武姜之间却一直不和。

原来庄公出生时是脚先出来，武姜惊恐万分，认为庄公倒着出生是“大逆不道”，天生的不孝，因此很讨厌他，给他取名“寤生”，并独宠庄公的弟弟共叔段。

按照宗法制，寤生作为嫡长子，是王位继承人。母亲武姜虽然不满，但也不能阻止其成为郑国君主。于是，她寄希望于共叔段，为他培养势力，鼓励他取而代之。武姜为共叔段要到封地京城(今河南荥阳)，共叔段到京城后招兵买马，修筑城墙，准备谋反。

庄公听说后无奈地说：“武姜是我的母亲啊，随她去吧。”他的臣子劝他说：“您的母亲看上去是不会轻易满足的，最好早点把他们安置到别处，不然后患无穷。”庄公说：“多行不义必自毙，再等等吧！”

过了几年，共叔段认为时机成熟，果然与母亲武姜里应外合，起兵谋反。然而，郑庄公早已截获了二人的密信，发现了他俩的阴谋。拿到证据后，郑庄公即派公孙吕率二百辆兵车包围了京城，打得共叔段措手不及。共叔段仓皇逃窜，然而庄公并不打算就此放过他，一路追捕，共叔段逃到共城(今河南辉县)

的时候终于不堪重负而自杀。

这样一来，庄公与母亲武姜之间的怨愤更甚，庄公愤怒地宣称："我与我母亲从此不再见面，除非到黄泉之下！"于是，庄公把武姜送到城颍（今襄城颍阳）居住，不再往来。但毕竟血浓于水，一段时间之后，庄公便后悔不已。颍考叔看出了郑庄公的心思，便想缓和他们母子的关系。于是，郑庄公请他用餐时，他就把一些美味的食物藏在了袖子里。庄公心里奇怪，就问："先生这是什么意思？"颍考叔回答道："我母亲常居乡下，没吃过君主赏赐的饭食，我想给她带一些回去，以表示我的一片孝心。"郑庄公非常感动，便讲述了自己与母亲关系彻底破裂的原因与无奈，也希望能再见见母亲。颍考叔说："想要和解也不难，您可以掘地道至黄泉，筑成甬道和庭室，在那里，你们不就可以见面了吗？"庄公恍然大悟，当下就委托颍考叔办理此事。

颍考叔行动迅速，在城颍很快挖通一条地道，请庄公和母亲在那里见面。武姜见庄公为了和解如此大费周章，母子二人也由此放下成见，言归于好。

谢立亭文明家庭事迹

谢立亭，济宁市任城区阜桥街道牌坊街社区居民。多年来，他与妻子魏贤兰互尊、互敬、互爱，成为人人羡慕的模范夫妻。

2020年，谢立亭的家庭被中央文明委评为第二届全国文明家庭。

谢立亭

谢立亭家中摆放着一块谢老特地为老伴儿做的红色的牌子——向魏贤兰同志好好学习，上面总结了六个“特别”：特别能吃苦、特别能受累、特别能节俭、特别能持家、特别爱子孙、特别敬爱党。他还为老伴儿制作了一个档案盒，里面放着魏贤兰的所有荣誉和谢老为她写的“表扬信”。2012年5月1日是二老金婚纪念日，谢老又为两人写了“欢庆金婚感言”，回顾二人携手走过的风风雨雨。

谢立亭有3个儿子，全家11口人，二老非常注重对孩子们的道德素质教育，培养他们吃苦耐劳的精神。在他们的言传身教下，孩子们都拥有各自美满的家庭，对二老也十分尊敬、孝顺。谢立亭专门制作了家庭档案盒，将整理打印的家风家训和多年来全家人的点滴事迹收录其中。谢老经常召开家庭会议，表扬一下爱人和孩子们，检讨自己的不足，孩子们也轮流发言，说说自己的想法，开诚布公地畅谈沟通，家庭一片文明和谐。在谢老的影响下，孩子们都生活简朴、严于律己、尊老敬长、爱岗敬业，赢得了周围人的赞美。

谢立亭一家人与邻居在生活中互相帮助、互相关怀，关系融洽和谐。邻居家中凡是有红白喜事，谢老都担任主事人帮着操持；邻居生病时魏贤兰在家做好饭菜和谢老一起送到邻居家中；邻居家里闹了矛盾，二人一次次地帮助调解；家中的无花果树结果了，他们摘下送给邻居分享……

从谢立亭、魏贤兰夫妇身上，我们能深切感受到他们家庭的互敬互爱、团结和睦，也为我们树立了新时代“爱国爱家、相亲相爱、向上向善、共建共享”的社会主义家庭文明新风尚。

第三节
远亲不如近邻

传世家训

1. 与肩挑贸易，毋占便宜；见贫苦亲邻，须多温恤。

——《朱子家训》

【译文】

和做小生意的挑贩交易，不要占他们的便宜；看到穷苦的亲戚或邻居，要给他们恳切的慰问和抚恤。

2. 刻薄成家，理无久享；伦常乖舛（chuǎn），立见消亡。

——《朱子家训》

【译文】

对人刻薄而发家的，绝没有长久享受的道理；行事违背伦常的人，很快就会灭亡。

3. 兄弟叔侄，需分多润寡；长幼内外，宜法肃辞严。

——《朱子家训》

【译文】

兄弟叔侄之间要互相帮助，富有的要资助贫穷的；一个家庭要有严正的规矩，长辈对晚辈言辞应庄重。

4. 居家戒争讼，讼则终凶；处世戒多言，言多必失。

——《朱子家训》

【译文】

居家过日子，禁止争斗诉讼，一旦争斗诉讼，无论胜败，结果都不吉祥。处世不可多说话，言多必失。

5. 远水难救近火，远亲不如近邻。

——《增广贤文》

【译文】

远方的水来不及救近处的火，远方的亲戚不如近处的邻居。

一纸家书

致父母书

诸弟在家，不听教训，不甚发奋。男观诸弟来信，即已知之。盖诸弟之意，总不愿在家塾读书。自己亥年男在家时，诸弟即有此意，牢不可破。六弟欲从男进京，男因散馆去留未定，故彼时未许。庚子年接家眷，即请弟等送，意欲弟等来京读书也。特以祖父母、父母在上，男不敢专擅，故但写诸弟而不指定何人。迨九弟来京，其意颇遂，而四弟、六弟之意尚未遂也。年年株守家园，时有耽搁，大人又不能常在家教之；近地又无良友，考试又不利。兼此数者，怫郁难申，故四弟、六弟不免怨男。

其可以怨男者有故：丁酉在家教弟，威克厥爱，可怨一矣；己亥在家未曾教弟一字，可怨二矣；临进京不肯带六弟，可怨三矣；不为弟另择外傅，仅延丹阁叔教之，拂厥本意，可怨四矣；明知两弟不愿家居，而屡次信回，劝弟寂守家塾，可怨五矣。

唯男有可怨者五端，故四弟、六弟难免内怀隐衷。前次含意不申，故从不写信与男。去腊来信甚长，则尽情吐露矣。男接信时，又喜又惧。喜者，喜弟志气勃勃不可遏也；惧者，惧男再拂弟意，将伤和气矣。兄弟和，虽穷氓小户必兴；兄弟不和，虽世家宦族必败。男深知此理，故禀堂上各位大人俯从男等兄弟之请。男之意实以和睦兄弟为第一。

九弟前年欲归，男百般苦留，至去年则不复强留，亦恐拂弟意也。临别时，彼此恋恋，情深似海。故男自九弟去后，思之尤切，信之尤深。谓九弟纵不为科目中人，亦当为孝弟中人。兄弟人人如此，可以终身互相依倚，则虽不得禄位，

亦何伤哉？

——《曾国藩家书》节选

【译文】

几位弟弟在家里不听父母的教训，不很发奋读书，儿子从来信中已经知道了。看来几位弟弟的意思，总是不喜欢在家塾学堂读书。己亥年儿子在家里的时候，几位弟弟就有这个意思，而且非常顽固。六弟想要跟儿子一起进京，儿子在庶常馆学习的去留还没有定下来，因此没有答应。庚子年接家眷进入京城，请弟弟前去相送，意思是想让弟弟来京读书，特别是因为祖父母、父母在上，儿子不敢擅自答应，所以只写诸弟而不指定某人。九弟急切想要来京，他如愿以偿了，而四弟、六弟却没有如愿。年年待在家里，学问经常耽搁；父亲大人又不能在家里教他们；附近又没有好的朋友，考试又失败了，有这几种因素，让他们觉得很受压抑而郁闷不乐，所以四弟、六弟不免埋怨我。

他们埋怨我是有原因的：丁酉年在家教他们的时候，对他们过于威严而缺少爱抚，这是可以埋怨的第一点；己亥年在家，没有教弟弟一个字，这是可以埋怨的第二点；临到进京时不肯带六弟，这是可以埋怨的第三点；没有为弟弟另外选择外面的老师，仅仅只请了丹阁叔，违背了他们的意愿，这是可以埋怨的第四点；明知道两弟弟不愿在家而屡次回信，劝慰他们在家读家塾，这是可以埋怨的第五点。

正因为儿子有可埋怨的这五点，所以四弟、六弟难免心里藏着些难言之隐，以前一直闷在心里没有诉说的机会，所以从不给我写信。去年腊月写了一封长信，才把这一肚子怨气都倾诉了出来。儿子接到信的时候，既高兴又害怕。高兴的是弟弟志气勃勃，不可阻挡；害怕的是儿子如果再次违背他们的意愿，将会伤了我们兄弟的和气。兄弟和睦，虽说是贫穷的小户人家也一定会兴旺；兄弟不和睦，虽说是世代官宦的人家也一定会败落。儿子深知这个道理，所以禀告父母大人，能够明白儿子等兄弟的请求，把和睦放在第一位。

九弟前年想回去，儿子百般苦苦挽留，到去年才不再强留，也是担心违背了他的意愿。临走的时候彼此都依依不舍，情深似海。所以儿子自九弟走后，非常相信他，也非常想念他。九弟即使不是科场中人，也会是孝悌中人。兄弟个个都是这样，可以一生互相依靠，就是不当官，又有什么关系呢？

践行园

有子说：“礼之用，和为贵。先王之道，斯为美，小大由之。有所不行，知和而和，不以礼节之，亦不可行也。”

博爱天下，与人和谐，是不是指无条件、无限制地去爱？有子为什么反对“为了和谐而和谐”？

第九章
知恩图报

恩，惠也，从心，因声。“恩”为形声兼会意字。本义是恩惠，引申为情谊、施恩、感激等义。

第一节 投桃报李

1. 子生三年，然后免于父母之怀。夫三年之丧，天下之通丧也。

——《论语·阳货》

【译文】

孩子生下来三年以后才能脱离父母的怀抱。为父母守孝三年，是天下通行的丧礼。

2. 投我以桃，报之以李。

——《诗经·大雅·抑》

【译文】

他把桃子送给我，我用李子回赠他。寓意要知恩图报，也比喻相互赠答，礼尚往来。

3. 滴水之恩，当涌泉相报。

——《朱子家训》

【译文】

在困难的时候受人一点小小的恩惠，以后应当加倍（在行动上）报答。

第二节
知恩图报记心间

子贡庐墓

子贡（公元前520—前456），姓端木，名赐，卫国人。他思路敏捷，能言善辩，是孔门弟子中最有外交才能的，深得孔子器重。子贡还擅长经商，是孔门弟子中“家累千金”的首富。

子贡庐墓处

曲阜孔林中最引人瞩目的地方是孔子墓，而令人感慨颇深的是孔子墓西边的三间面朝东的房屋——子贡庐墓处。

《史记》载，孔子离世后，他的弟子们纷纷建屋守墓，为他服丧三年，并且在老师墓地的周围种上自己家乡特有的树种，来表达尊敬和感激之情。三年之后，守丧的弟子们先后离开。而子贡与老师感情深厚，又独自留下居住了三年，来报答老师的教诲之恩。

明嘉靖二年（1523），御史陈凤梧建屋三间，并于此立“子贡庐墓处”石碑。

张俭救济乡人

张俭（115—198），字元节，山阳高平（今山东邹城）人。东汉时期名士，江夏八俊之一。

汉桓帝时，张俭在山阳东部担任督邮。当时，专权的宦官侯览的家属仗势在当地作恶，欺凌百姓，无视法度。张俭毫不畏惧，上书弹劾侯览及其家属，触怒了侯览。侯览的同乡朱并知道这件事后，为了巴结讨好侯览，就诬陷张俭与同郡二十四人结成党羽作乱，朝廷下令通缉张俭。张俭见官府人马来势汹汹，只好匆匆逃跑，一路上看到谁家可以避难，就躲在谁家暂时安身。当时，人们恨透了宦官，都知道张俭一向为人正直，恪尽职守，所以都甘愿冒着生命危险收留他，甚至不惜为此家破人亡。

汉献帝时，张俭家乡的百姓因为战乱遭遇了饥荒。张俭知恩图报，用尽全部财产，救活了数百人。

结草衔环

结草

晋国大夫魏武子有一个没有孩子的爱妾。有一次，魏武子生病了，他嘱咐儿子魏颗说：“我死之后，她（爱妾）就会因为没有孩子而受到其他人的欺侮，你一定要把她嫁出去，不要让她在家里受气。”不久魏武子病重，又对儿子说：“我死之后，一定要让她为我殉葬。”魏颗知道父亲此时糊涂了，就点头答应了。等到魏武子死后，

结草

魏颗并没有让那个爱妾陪葬，而是把她嫁给了别人。

有一年，秦桓公带兵伐晋。魏颗与秦将杜回相遇，二人厮杀在一起，难分难解之际，魏颗突然看见有一位老人用草编的绳子绊住那个将领，将他拉倒在地。晋军一拥而上俘获了那个将领，魏颗在这次战役中大获全胜。

当天夜里，魏颗在梦中见到那位白天为他结绳绊倒对方将领的老人，老人自称是那位爱妾的父亲，来报答魏颗的大恩大德。

衔环

东汉有个人叫杨宝，他九岁时，在华阴山北面看到一只黄雀被老鹰啄伤落在树下。杨宝看它可怜，就将它带回家，放在箱子里，精心饲养。几个月之后，黄雀的伤好了，就飞走了。当夜，有一个身穿黄衣的童子向杨宝拜谢说：“我是西王母的使者，承蒙您的搭救，

衔环

非常感激。”随后，拿出四枚白玉环递给杨宝说：“它可以保佑您的子孙位列三公，为政清廉，处世行事像这玉环一样洁白无瑕。”

后来，果然如这个黄衣童子所说，杨宝的儿子杨震、孙子杨秉、曾孙杨赐、玄孙杨彪四代都官至太尉，而且都刚正不阿，为政清廉，他们的美德为后人所传颂。

后来人们将这两个神话故事提炼为“结草衔环”，用来告诉世人受人恩惠定当厚报，至死不渝。

第三节
感恩传家

传世家训

施惠勿念，受恩莫忘。凡事当留余地，得意不宜再往。人有喜庆，不可生妒忌心。人有祸患，不可生喜幸心。善欲人见，不是真善。恶恐人知，便是大恶。

——《朱子家训》

【译文】

向他人施予恩惠，不要念念不忘，接受别人的恩惠，就要牢记心中。无论做什么事情，应当留有余地，一旦称心如意，不应强求自己继续索取。他人有可喜可贺的事，不要心生妒嫉；别人遭遇灾难、困难，不可欢乐高兴。做好事希望别人知道，不是真正的行善；做坏事害怕他人知道，才是真正的大恶。

《朱子家训》为人处世的两条准则：施恩于人，没有贪求，说明初心纯真；受恩莫忘，知恩图报，可以不愧良心。

一纸家书

《傅雷家书》选文

（一）

今儿一天精神仍未恢复。人生的关是过不完的，等到过得差不多的时候，又要离开世界了。分析这两天来精神的波动，大半是因为：我从来没爱你像现在这样爱得深切，而正在这爱得最深切的关头，偏偏来了离别！这一关对我，对你妈妈都是从未有过的考验。别忘了妈妈之于你不仅仅是一般的母爱，而尤其因为她为了你花的心血最多，为你受的委屈——当然是我的过失——最多而且最深最痛苦。园丁以血泪灌溉出来的花果迟早得送到人间去让别人享受，可是在离别的关头怎么免得了割舍不得的情绪呢？

（二）

孩子，十个月来我的心绪你该想象的到；我也不想千言万语多说，以免增加你的负担。你既没有忘怀祖国，祖国也没有忘了你，始终给你留着余地，等你醒悟。我相信：祖国的大门是永远向你开着的。好多话，妈妈已说了，我不想再重复。但我还得强调一点，就是：适量的音乐会能刺激你的艺术，提高你的水平；过多的音乐会只能麻痹你的感觉，使你的表演缺少生气与新鲜感，从而损害你的艺术。你既把艺术看得比生命还重，就该忠于艺术，尽一切可能为保持艺术的完整而奋斗。你如今每次登台都与国家面子有关；个人的荣辱得失事小，国家的荣辱得失事大！你既热爱祖国，这一点尤其不能忘了。为了身体，为了精神，为了艺术，为了国家的荣誉，你都不能不大大减少你的演出。为这件事，我从接信以来未能安睡，往往为此一夜数惊！

践行园

1. 说一说：在日常生活中，父母对我们的照顾可谓无微不至，静下心来想一想你和父母之间发生的事情，然后和你的小伙伴们交流交流，父母说的哪句话、做的哪件事最让你感动？平时你会用怎样的实际行动感恩你的父母呢？

2. 想一想：当代社会我们应该怎样理解“知恩图报”？又该怎样做一个知恩图报的人呢？

第十章

志存高远

“志”为形声兼会意字，本义为意念、心意，这也是“志”最常用的意义。引申为愿望、志向，标志、标记，记、记住等义。

第一节
士当弘毅

1. 曾子曰：“士不可以不弘毅，任重而道远。仁以为己任，不亦重乎？死而后已，不亦远乎？”

——《论语·泰伯》

【译文】

曾子说：“有抱负的人不可以不志向远大，意志坚强，因为他肩负着重大的使命（责任），路途又很遥远。把实现‘仁’的理想看作自己的使命，不也很重大吗？直到死才停止，这不也是很遥远吗？”

2. 古之立大事者，不惟有超世之才，亦必有坚忍不拔之志。

——苏轼《晁错论》

【译文】

自古以来凡是做大事的人，不仅有出类拔萃的才能，也一定有坚韧不拔的意志。

第二节
志存高远话名人

在挫折中前进——《孔子的故事》节选

孔子早年丧父，家境衰落，但他是有志气的，在15岁时就立下了要好好学习各种知识和本领的志愿。

孔子不到20岁时，母亲去世。这时他还是一个少不更事的青年，单纯地想到有机会就该出一出头，同时他也觉得自己已经有一些本领。有一次，鲁国的贵族季氏欢宴名流，这时还在居丧的孔子便穿着孝服跑去了。季氏的家臣阳虎向他喝道："我们请的是有地位的人，并不招待叫花子。你走吧！"孔子便只好退了出来。

经过这次挫折，孔子更加勤奋用功了。

过了三四年，他的道德修养和才能一天比一天提高，虽然年轻，却已出了名。

由于刻苦学习，善于取法他人，孔子逐渐成了博学多能的人。在他住宅的附近有一条街叫达巷，达巷里的百姓说："孔子这么渊博，他会的玩意儿我们简直叫不上名堂来。"孔子听见了，便谦虚地说："我会什么呀，只会赶车罢了。"原来在那时有六种本领是一个全才必须具备的，这就是礼节、音乐、射箭、赶车、识字、计算。在这六种本领里头，赶车被认为是最低下的，所以谦虚的孔子只承认了这一项才能。

孟母立志育子成才

孟母，仉（zhǎng）氏，战国时人，以教子有方著称。孟子的父亲是一位怀才不遇的读书人，为了光耀门楣，他离别妻子，远赴宋国游学，希望能谋得一官半职。一心盼望丈夫出人头地的孟母撑起了一家人的生活。但是，三年以后，她听到的却是丈夫的噩耗。

失去了丈夫的孟母，并没有气馁，她从悲伤中振作起来，立志要依靠自己的双手把儿子培养成一个有用的人，完成丈夫未竟之事业。我们耳熟能详的故事《孟母三迁》《买肉啖子》《断机教子》，讲的就是她对孟子的悉心教导。

孟子长大成人后，在齐国无法施展自己的才华抱负，孟母依然教导孟子要放下后顾之忧，大胆实现自己的理想。在孟母的鼓励下，孟子周游列国，在各诸侯国推行自己的政治主张，得到了许多诸侯国的认可。

嵇康家诫（节选）

人无志，非人也。但君子用心，所欲准行。自当量其善者，必拟议而后动。若志之所之，则口与心誓，守死无二。耻躬不逮，期于必济。

若心疲体解，或累于外物，或累于内欲；不堪近患，不忍小情，则议于去就。议于去就，则二心交争。二心交争，则向所见役之情胜矣。或有中道而废，或有不成一篑而败之。以之守则不固，以之攻则怯弱。与之誓则多违，与之谋则善泄。临乐则肆情，处逸则极意。故虽繁华熠耀，无结秀之勋；终年之勤，无一旦之功。斯君子所以叹息也。

【译文】

一个人活着却没有志向，就算不上是一个真正的人。而作为一个君子只要用心，想做的事情一定能有所成就。衡量和选择好的志向，一定要先想好策略然后再行动。如果你的志向就是心中最愿意做的事，那么你就要做到心口合一，坚定不移，宁死也不改变。亲身去做，若未达目的，就应该感到羞愧，并期盼事情一定成功。

如果身心疲惫懈怠，有时被外在的物质诱惑，有时被内心的欲望牵累；忍受不了眼前的忧患或者心里小小的不快，就会开始考虑放弃之前的努力与成绩。想放弃，却陷入思想的挣扎之中。两种思想动摇挣扎，结果往往是一向难以克服的情感、欲望取胜。有的人半途而废，有的人功亏一篑。这时，用他作防守不坚固，用他来进攻则太怯弱，与他定下誓约常常会被违背，而与他共同谋划时他又常常泄露消息。遇到快乐的事情则控制不住感情，处在轻松的境地时就极度恣情任意。这样的人虽然天资很好，明艳美丽，但不会有杰出的成就；一整年都很勤快，也不会有一日的功成名就。这就是君子叹息的原因。

第三节 人生需立志

传世家训

夫志当存高远，慕先贤，绝情欲，弃凝滞，使庶几之志，揭然有所存，恻然有所感。忍屈伸，去细碎，广咨问，除嫌吝，虽有淹留，何损于美趣，何患于不济？

——诸葛亮《诫外甥书》

【译文】

一个人应当有高尚远大的志向，仰慕先贤，节制情欲，抛弃胸中的俗念，使几乎接近先贤的那种高尚志向在自己身上显著地体现出来，让自己内心深深地有所震撼；要能屈能伸，丢弃琐碎事务，广泛地向人请教咨询，去除猜疑和吝啬，这样即使因受到挫折而停步不前，也不会损伤自己的美好志趣，又何必担心达不到目的？

一纸家书

人生需立志

人苟能自立志，则圣贤豪杰何事不可为？何必借助于人？“我欲仁，斯仁至矣。”我欲为孔孟，则日夜孜孜，惟孔孟之是学，人谁得而御我哉？若自己不立志，则虽日与尧舜禹汤同住，亦彼自彼，我自我矣，何与于我哉！

——《曾国藩家书》节选

【译文】

若自己立志，则做圣贤，做豪杰，有什么事做不到呢？为什么一定要借助别人的力量呢？“如果我想要仁，仁就会来了。”我想做孔子、孟子那样的人，就日夜孜孜不倦地学习，只学孔孟之道，自然无人可以阻止我成为那样的人。若自己不立志，则即使我天天在尧、舜、禹、汤的身边，也只能他们是他们，我是我，与自己也没有任何关系的。

践行园

1. 读一读诸葛亮的《诫子书》，想一想“志”与“学”“才”是怎样的关系。

2. “志不立，天下无可成之事。”请你写出自己的志向，并和朋友分享一下如何实现它。

第十一章 廉洁奉公

《说文解字》中说，廉，仄（zè，古同“仄”）也，形声字。广是形，表意，兼表声。本义指堂屋的侧边，后引申为清正、节俭、严于律己等义。

第一节
安贫乐道

1. 饭疏食，饮水，曲肱而枕之，乐亦在其中矣。不义而富且贵，于我如浮云。

——《论语·述而》

【译文】

吃粗粮，喝清水，睡觉时弯曲着胳膊当枕头，生活虽然清静贫苦，但是快乐却在其中。违背道义，利用不正当的手段获得的财富和地位，在我看来，就像是天上飘忽不定的云彩，是靠不住、不可要的。

2. 可以取，可以无取，取伤廉。

——《孟子》

【译文】

（对于别人所给的东西）可以拿，也可以不拿，拿了对廉洁有损害。

3. 廉，人之高行也。

——《孟子》

【译文】

廉洁，是人最高的品行。

第二节 戒贪行廉传佳话

清代廉吏岳峰秀

岳峰秀（生卒年不详），字镇九，号克亭，清代汶上县岳家楼（今嘉祥县孟姑集镇岳楼村）人，岳飞二十三世孙。

自岳飞以后，岳氏家族恪守“精忠报国”的祖训，牢记岳飞“文官不爱财，武官不惜死”的箴言，还定立了岳氏祖规。岳氏祖规规定：凡成年男子，均遵十字为准绳，即忠、孝、节、义、诚、仁、爱、礼、智、信。凡成年女子，须遵八字准则，即贤、敏、淑、慎、温、恭、素、雅。凡岳氏子孙，无论男女，严格禁止十六字行为：淫、浪、赌、毒、坑、蒙、拐、骗、奸、邪、佞、霸、骄、逸、奢、叛。岳氏族人牢记祖训祖规，保持良好家风，受到人们的称赞。

岳峰秀考中进士后，被派到开封府封丘县任知县。到任后，他视察全县各地，发现有些地方土地碱化严重，收成很低，人民生活艰苦，就组织百姓兴修水利，改良土壤，开垦荒地，推广种植高粱、稷黍等耐碱作物，用很短的时间就把贫穷的封丘县治理得地肥年丰。

岳峰秀体察民情，恪尽职守，功绩卓著，深受百姓爱戴，康熙皇帝知道后晋升他为礼部给事中。岳峰秀要离开封丘县进京做官了，百姓依依不舍，赠送了很多贵重礼品以示感谢，都被岳峰秀婉言谢绝。

岳峰秀进京之后，先后任壬戌会试同考官、殿试收卷官、武会试同考官、刑部掌印给事中等职。岳峰秀赤胆忠心，秉公办事，不谋私利，政绩显著，特别是升任刑部掌印并兼管钱财之后，更是执纪严明，严格按照大清律法办事，深得康熙皇帝的赏识和百姓的赞扬。

后来年事渐高，岳峰秀便奏请皇帝恩准，告老还乡。康熙皇帝特赐“清河岸”石碑，褒奖他为国尽忠、亲民清廉的一生。

公仪休拒鱼

拒鱼

公仪休相鲁而嗜鱼，一国争买鱼而献之，公仪休不受。其弟谏曰：“夫子嗜鱼而不受者，何也？”对曰：“夫唯嗜鱼，故不受也。夫即受鱼，必有下人之色；有下人之色，将枉于法；枉于法，则免于相。虽嗜鱼，此不必能致我鱼，我又不能自给鱼。即无受鱼而不免于相，虽不受鱼，我能常自给鱼。”此明夫恃人不如自恃也，明于人之为己者，不如己之自为也。

【译文】

公仪休做鲁国的宰相时，很爱吃鱼，于是全国的人都抢着买鱼送给他，公仪休却不接受。他的弟子说：“老师爱吃鱼却不接受别人送的鱼，为什么呢？”他回答说：“正因为我很爱吃鱼，所以不接受。如果接受了鱼，就必然看别人的脸色；看别人的脸色，就可能歪曲、违背法律；法律被歪曲、违背了，我的宰相之职就会被罢免。宰相之职被罢免了，那么即使我喜欢吃鱼，别人也肯定不会再供给我鱼吃，而我又不能自己供给自己鱼吃。如果不接受送的鱼，宰相之职就不会被罢免；即便不能吃别人送的鱼，我却能够长期自己供给自己鱼吃。”这是明白了依靠别人不如依靠自己，依靠为自己办事的人不如自己去办事的道理啊！

“三不伸手”的王杰

王杰出生于金乡县城郊乡华堌村。这里民风淳朴，家风纯正，村民素有吃苦耐劳、勇于直面困难的品格。

1950年9月，王杰开始在小学学习。在良好的家庭教育下，王杰勤奋好学，积极向上，是一位朴实懂事的好少年。

有一年，队里让学生参加验收爱国粮。王杰检查出一袋麦子不合格，一问竟是自己家的。原来王杰的父亲在装车时一不小心掉出一些麦子，看到数量不多就直接将掉出的麦子捧了回去，沾了一些土。王杰没有徇私，而是帮着父亲把上面的粮食倒出来，重新簸了再装回去。

王杰有写日记的习惯，他在日记里写道："牢记在荣誉上不伸手，在待遇上不伸手，在物质上不伸手。"

王杰

第三节
廉洁处世

传世家训

廉洁奉公，养浩然气；严以律子，厚以待人；令出如山，赏罚分明；不纵女色，事母至孝；武艺绝伦，勇冠三军；身先士卒，行若明镜。

——岳飞《家训》

【译文】

廉洁不贪，忠诚履行公职，一心为公，培养正大刚直之气；对子女要求严格，待别人则很宽厚；命令一经公布，必须坚决执行，像山一样不可动摇，该赏的赏，该罚的罚；不放纵自己，贪恋美色，侍奉父母极尽孝道；武艺高强，没有人可以相比，勇敢成为全军第一；作战时将领亲自带头，冲在士兵前面，行为像明镜那样透明。

一纸家书

致儿家书

家中人来营者，多称尔举止大方，余为少慰。凡人多望子孙为大官，余不愿为大官，但愿为读书明理之君子。勤俭自持，习劳习苦，可以处乐，可以处约。此君子也。

余服官二十年，不敢稍染官宦气习，饮食起居，尚守寒素家风，极俭也可，略丰也可，太丰则吾不敢也。凡仕宦之家，由俭入奢易，由奢返俭难。尔年尚幼，切不可贪爱奢华，不可惯习懒惰。无论大家小家、士农工商，勤苦俭约，未有不兴；骄奢倦怠，未有不败。尔读书写字不可间断，早晨要早起，莫坠高曾祖考以来相传之家风。吾父吾叔，皆黎明即起，尔之所知也。

——《曾国藩家书》节选

【译文】

从家中到军营来的人，大多称赞你举止大方，我心里少许宽慰。多数人都希望自己的子孙做大官，我不愿意让自己的子孙做大官，只希望他们能成为读书明理的君子。勤俭自持，习惯劳苦，可以享受安乐，也可以适应节俭度日，这就是君子。

我为官已有二十年，从不敢沾染一点官场的陋习，饮食起居，还恪守贫寒朴素的家风，可以极其节俭，也可以稍微丰盛些，但太丰盛我就不敢了。凡是官宦的家庭，都是由节俭进入奢侈容易，由奢侈返回节俭很难。你的年纪还小，切不可贪慕奢侈的享受，不可以养成懒惰的习惯。不管是大家庭、小家庭，还是士农工商，只要勤苦节俭，没有不繁荣兴旺的；如果骄傲、奢侈、倦怠，没有不衰败的。你读书写字不能间断，早晨要早起，不要忘记历代承袭的家风。我的父亲、叔父，都是黎明就起来，这些你都是十分清楚的。

践行园

1. 议一议：廉洁距离我们普通人远吗？

2. 画一画："廉"与"莲"谐音，"莲"象征廉洁。请你拿起笔，在空白处画一幅"出淤泥而不染"的荷花图吧。

第十二章

精忠报国

《说文解字》中说，忠，敬也。从心，中声，是形声字。本义为办事尽心竭力，引申为忠诚无私、忠厚等义。

第一节
赤胆忠心

1. 人无忠信，不可立于世。

——《程颐文集》

【译文】

人如果不讲忠诚、信义，那么他将无法在世上立足。

2. 曾子曰：“可以托六尺之孤，可以寄百里之命，临大节而不可夺也。”

——《论语·泰伯》

【译文】

曾子说：“可以把幼小的孤儿托付给他，可以将国家的命脉寄托给他，面对安危存亡的紧要关头，能够不动摇、不屈服。”

3. 鞠躬尽瘁，死而后已。

——诸葛亮《后出师表》

【译文】

勤勤恳恳，竭尽心力，至死方休。

第二节
忠诚担当感天地

曾德慈助子救国

曾德慈是曾子后裔，宋代著名爱国将领文天祥的母亲。曾德慈小时候受过良好的教育，懂得忠孝节义的道理。文天祥少年时，母亲经常用“庐陵四忠”欧阳修、杨邦乂、胡铨和周必大的故事教育文天祥。文天祥刚考中状元四天，父亲就去世了。按当时的规矩，文天祥须在家守孝三年。在此期间，母亲经常劝导他说，应趁守孝的日子多读圣贤书，多想治国安邦的道理，今后为国为民多做些事情。

公元 1274 年，元朝丞相伯颜率领 20 万大军，兵分两路向南宋进攻，攻占鄂州后顺长江而下，威胁京城杭州。国难当头，文天祥立即组织一支救国义军。义军组成后，需要大量的经费。曾德慈知道后，不仅捐出全部首饰，还同意文天祥变卖房产地产充作军费。

文天祥母子毁家救国的事情传开以后，许多人纷纷效仿，出资捐物，支持义军。不久，浩浩荡荡的义军顺赣江而下，向北挺进，奔赴战场。

母亲去世一周年时，文天祥在《邳州哭母小祥》一诗中说："母尝教我忠，我不违母志。"可见文天祥的忠诚爱国的思想与母亲的教导是分不开的。

忠孝名臣范淑泰

范淑泰，号木渐，字大来。其父范廷弼、叔父范廷铺，皆为进士出身。其祖辈随鲁王来兖就藩，至范淑泰已九代。其父任过户部主事、广西按察使司兵巡道副使等职，后加尚书衔，出使南洋诸国，死后被朝廷加封为太仆寺正卿，赐联"天朝忠孝无双士，鲁国人文第一家"。

范淑泰受祖辈忠烈家风影响，进士及第后升兵科都给事中，忠孝刚烈，不惧权奸，上书参劾奸相王梦熊卖官鬻爵、祸国殃民，这一壮举得到士民及同僚赞佩。

崇祯十五年，范淑泰回兖州探亲，时值大荒之年，他力劝知府开仓赈灾，并拿出范氏家族的存粮、金银资助贫民及饿死者家属，受到恩惠的百姓达三千多人，大家都赞扬他体恤民众、乐善好施。

不久，清兵攻打兖州，范淑泰力主抗战守城，与兖州知府邓藩锡日夜奋战在城楼上。后城破受伤被俘，坚贞不屈，清将许以高官厚禄，让其投降，范淑泰痛骂不止，与其弟范淑晋一同就义于城北三义庙。清兵撤走后，家人找到他们的尸体，葬在范氏祖茔。

崇祯皇帝得知此事后，赠太仆寺少卿，敕建范氏牌坊，以表彰他们的忠烈之举。牌坊有两座，上面雕画了范氏祖孙事迹、花鸟鱼虫、人物山水，莫不技艺精湛、栩栩如生，为举世所罕见。其中，西坊专为表彰范淑泰而建，上面题“忠孝名臣”“祖孙进士”等字。东坊阴阳两面有鲁王题的“万邦为宪”“父子同朝”。

第三节
于家为国

传世家训

凡人之生，皆得天地之理以成性，得天地之气以成形，我与民物，其大本乃同出一源。若但知私己而不知仁民爱物，是于大本一源之道已悖而失之矣。至于尊官厚禄，高居人上，则有拯民溺救民饥之责。读书学古，粗知大义，既有觉后知觉后觉之责。孔门教人，莫大于求仁，而其最切者，莫要于欲立立人、欲达达人数语。立人达人之人，人有不悦而归之者乎？

（曾国藩《诫子书》节选）

【译文】

天底下的人，都是得到了天地之理才成就自我的性格，都是得到了天地之气才成就自我的形象，我和普通老百姓，对于生命生生不息的意义其实都是相同的。假如我只知道自私自利而不知道对老百姓讲究仁爱、对事物加倍爱惜，那么就是违背甚至抛弃了生命生生不息的意义。至于那些享有丰厚俸禄的大官，地位在众人之上，就应该承担起拯救老百姓于溺水之时和饥饿之中的责任。读古书学习古人的思想，大概知道了古书中的意思，就应该有大力推行古书中正确思想的责任。儒家学派教育子弟，大都要求其讲究仁爱，而讲究仁爱最根本的，就是要想成就自己首先就要成就他人，要想自己富贵首先就要使他人富贵。能够成就他人、使他人富贵的人，人们哪会不心悦诚服地归顺呢？

一纸家书

夏明翰的三封家书

夏明翰，湖南省衡阳县人，中国共产党早期党员。积极投身爱国运动，参加秋收起义。1928 年，在汉口被叛徒出卖，被捕入狱。在狱中夏明翰威武不屈，写下了“砍头不要紧，只要主义真。杀了夏明翰，还有后来人”这样雄壮的诗句，同时他还用敌人让他写“自白书”的半截铅笔写下了三封信。

夏明翰

（一）

尊敬的妈妈：

你用慈母的心抚育了我的童年，你用优秀古典诗词开拓了我的心田。爷爷骂我、关我，反动派又将我百般折磨。亲爱的妈妈，你和他们从来是格格不入的。你只教儿为民除害、为国除奸，在我和弟弟妹妹投身革命事业的关键时刻，你给了我们精神上的关心、物质上的支持。亲爱的妈妈，别难过，别呜咽，别让子规啼血蒙了眼，别用泪水送儿离人间。儿女不见妈妈两鬓白，但相信你会看到我们举过的红旗飘扬在祖国的蓝天！

（二）

亲爱的夫人：

同志们曾说世上惟有家钧好，今日里才觉你是巾帼贤。我一生无愁无泪无私念，你切莫悲悲凄凄泪涟涟。张眼望，这人世，几家夫妻偕老有百年。抛头颅、洒热血，明翰早已视等闲。“各取所需”终有日，革命事业代代传。红珠留着相思念，赤云孤苦望成全，坚持革命继吾志，誓将真理传人寰！

（三）

大姐为我坐牢监，外甥为我受株连。我们没有罪，我们要斗争。人该怎样做，路该怎样走，要有正确答案。我一生无憾事，只认定共产主义这个为人类解放造幸福的真理，就刀山敢上，火海敢闯，甘愿抛头颅，洒热血！

践行园

1. 建议观看 2020 年《开学第一课》“少年强，中国强”。

2. 忠诚爱国是新时代每一个中国人不可或缺的精神追求。那些隐姓埋名、无私奉献的科学家，那些意志刚强、寸土不失的戍边战士，那些刻苦训练、为国争光的运动员……无一不用行动诠释着忠诚爱国。忠诚爱国，你将怎么做？请写下你的想法。

编后语

“济宁市青少年教育系列丛书”是济宁市关心下一代工作委员会按照济宁市委部署要求，组织市委党史研究院、市妇联、市教育局、市司法局在精心筹备、广泛调研、科学研讨的基础上完成的，这对于广大青少年了解济宁、热爱济宁、建设济宁，帮助青少年接受优秀传统文化熏陶，赓续红色基因，培养家国情怀，提升法治素养具有重要意义。

本丛书包含优秀传统文化、革命传统教育、家庭教育、法治教育四大内容，分为小学、初中、高中三个学段，共 12 本，120 多万字。本丛书立足青少年教育实际，各篇目既自成一体又相互关联，突出地域性、教育性、文化性、实用性、可读性。

本丛书编写时间紧、任务重、体量大、标准高，经过百余名专家、学者、编辑、摄影人员辛勤努力，先后完成拟定大纲、撰写初稿、讨论润色、专家审阅、出版社审核等工作，最终得以和大家见面。本丛书编写始终坚持“三结合、三坚持”的编写原则。“三结合”就是与当前开展的“党史、国史、改革开放史、社会主义发展史”教育内容相结合；与当前学校开展的思政教育相结合；与现有的关心下一代教育基地史料相结合。“三坚持”就是坚持立德树人的立意导向，把践行社会主义核心价值观贯穿始终；坚持体现济宁区域文化特色，培植青少年家国情怀；坚持适合青少年特别是中小学生阅读，通俗易懂、喜闻乐见。

本丛书在编写过程中自始至终得到济宁市委、市政府主要领导的重视和指导，得到省委宣传部充分肯定和大力支持，得到市委办公室、市委组织部、市委宣传部、市委政法委、市委政研室、市委老干部局、市政府办公室、市财政局、市教育科学研究院、市摄影家协会等部门和单位的大力支持与配合，得到夏诚华、韩笔祥、赵树国、祝金焕、聂志泉、杨朝明、李敬学、孔令绍等老领导和专家学者的关心指导与支持帮助，在此一并表示感谢。

由于时间仓促，难免拾珠落遗，诸多疏漏，敬请广大读者批评指正。

“济宁市青少年教育系列丛书”编委会

2022 年 6 月